특 허 증
CERTIFICATE OF PATENT

특   허   제 0525479 호
(PATENT NUMBER)

출원번호 (APPLICATION NUMBER) 제 2003-0063714 호

출 원 일 (FILING DATE:YY/MM/DD) 2003년 09월 15일

등 록 일 (REGISTRATION DATE:YY/MM/DD) 2005년 10월 25일

발명의명칭 (TITLE OF THE INVENTION)
한자학습교재

특허권자 (PATENTEE)
김영준(450117-1******)

경기도 성남시 중원구 상대원1동 152-3 삼익아파트 102-508

발명자 (INVENTOR)
김영준(450117-1******)

경기도 성남시 중원구 상대원1동 152-3 삼익아파트 102-508

위의 발명은 「특허법」 에 의하여 특허등록원부에 등록
되었음을 증명합니다.

(THIS IS TO CERTIFY THAT THE PATENT IS REGISTERED ON THE REGISTER OF THE KOREAN
INTELLECTUAL PROPERTY OFFICE.)

2005년 10월 25일

저자 약력

· 남원 서당 南軒 吳奎烈 선생 師事
· 판소리 蓮堂 文孝心, 東丘 金二坤 선생 師事
· 고려대학교 교육대학원 CEO 최고위과정 수료
· 발명특허 한자학습교재 개발 (특허 제 0525479호)
· 발명특허 한자학습교재 개발 (특허 제 0615680호)
· 경기 성남 금상초등학교, 성남초등학교 특기적성교사
· 통일부 하나원, 성남문화원, 서현문화의집 강사
· 건국대학교, 한국능률협회, CBS교육문화센터 강사
· (사)한중문자교류협회 · 한중상용한자능력검정회장
· 한국한자학습개발원 원장

특허받은 쉬운한자 검정대비를 위한 -
초등한자 3학년 -300자-

2021년 5월 10일 초판 5쇄 인쇄
2021년 5월 20일 제판 5쇄 발행

엮은이 김 영 준
펴낸이 박 종 수
펴낸곳 태평양저널
주　　소 서울특별시 영등포구 신길동 337
전　　화 02) 834-1806
팩　　스 02) 834-1802
등　　록 1991년 5월 3일(제03-00468)

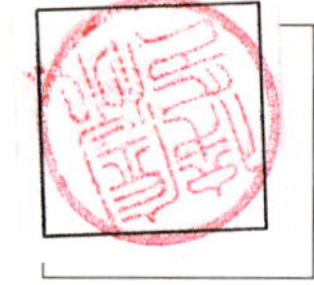

※ 본 교재는 저작권 등록 및 특허 등록된 저작물입니다.
　 무단복제를 금하며 동일유사하게 모방하는 행위는
　 법의 저촉을 받습니다.

　 잘못 만들어진 책은 바꾸어 드립니다.

ISBN 89-9064232-9

정　　가 8,000원

- 차   례 -

이 책의 특징

1. 본문을 한자의 ① 훈 음 ② 독음 ③ 한자어의 뜻으로 간결하게 구성하여, 한자의 삼요소(三要素)를 효과적으로 익힐 수 있도록 하였다.

2. 본문의 '이고요' 부분에는 새로 나온 한자의 훈 음과 독음을 적어 놓았고, '입니다' 부분에는 이전에 배운 한자로 조어(造語)된 낱말의 뜻을 간명하게 설명하여 국어의 정확한 뜻을 확실하게 알 수 있도록 하였다.

3. 효과적인 학습전략으로 10자를 익힌 후 곧바로 한자능력검정시험 유형의 '예상문제' 란을 만들어 폭넓은 한자 활용능력을 숙달(熟達) 시키고, 한자능력검정시험에 이력이 나도록 하였다.

▶ **한자는 교육의 성공을 보장받는 지름길이다.**

초등학교 1학년부터 기초학력을 튼튼히 다져두는 것이 중등 및 고등 교육의 성공을 보장받는 지름길이다.

▶ **한자는 학업의 성적을 좌우하는 요소다.**

고학년으로 올라갈수록 의미 파악이 힘든 학습용어가 대거 등장하므로 한자실력이 학업의 성적을 좌우하는 결정적인 요소가 된다.

▶ **한자는 동북아 교류의 디딤돌이다**

한자는 중국과 일본, 대만 등 한자문화권 국가들과의 정치, 경제, 문화교류에 긍정적인 효과를 낼 수 있는 동북아교류의 디딤돌이다.

▶ **한자는 국가경쟁력을 제고할 수 있는 무기다**

한자를 많이 알면 한국어, 중국어, 일본어 등을 잘 할 수 있으므로 개인은 물론 국가경쟁력을 제고할 수 있는 강력한 무기다.

책 머 리 말

　　최근 중국이 경제대국으로 급부상하고 중국과의 교역량이 증대되면서 한자교육에 대한 관심이 고조되고 있습니다.

2009년 11월 초등학교 한자교육의 필요성에 대하여 「한국교육과정평가원」의 설문 조사에 의하면 교사 77.3%, 학부모 89.1%가 초등학교 한자교육을 찬성한 것으로 나타나고 있습니다.

중국이 우리나라의 최대 교역국으로 부상하고 동북아 3국이 한자문화권으로 세계경제의 중심역할을 맡고 있는 지금 한자교육은 국가경쟁력의 중요한 요소가 되고 있습니다.

필자는 2,001년부터 성남시 하대원동·단대동 주민자치센터 강사를 시작으로 성남시 금상초등학교·성남초등학교 특기적성교사로 재직하고 있는 오늘에 이르기까지 줄곧 어린이 한자 교육과 함께 학습교재와 교수학습 방법에 대한 연구에 몰두해 왔습니다.

　　본 교재는 '발명특허 제 0525479호'의 학습교재로, 한자의 ①훈 음, ②독음, ③한자어의 뜻을 7.5조(일곱 자, 다섯 자)의 음조로 간결하게 구성하여, 본문을 동요처럼 읽으며 한자의 삼요소를 효과적으로 익힐 수 있도록 하였습니다.

출판에 앞서 「방과 후 특기적성 한자부」에서 초등학교 어린이들을 대상으로 수년간 한자교육을 해온 결과 아이들이 쉽고 재미있게 학습함으로써, 학생과 학부모들로부터 그 실효를 인정받은 교재입니다.

　　이 교재가 학생들이 어렵지 않게 공부할 수 있는 학습서로서 초등학교 한자교육 활성화에 도움이 되기를 바랍니다.

2011년 10월　琴丘 金 泳 俊

본 교재의 교수-학습방법

※ 본 교재는 **발명특허** 한자 학습교재로
  학습자 스스로 자기주도로 공부할 수 있는 교재이므로
  선생님은 지도하기 쉽고, 학생은 어렵지 않게 공부할 수 있는 학습서입니다.

▷ 학생은 본문 학습·한자 쓰기를 하고, 선생님께 【읽기점검】을 한다.

▷ 교사는 '한자쓰기' 후 오늘 배운 글자를 【읽기점검】 하고
  점검일자를 표기한다. 월/일㉔ ※(예: 12쪽 / **205자** 美 ~ 班까지)

  ① (가로로) 훈 음 읽기

  美(아름다울 미) 朴(성　박) 反(돌이킬 반) 半(반　반) 班(나눌 반)

  ② (거꾸로) 훈 음 읽기

  班(나눌 반) 半(반　반) 反(돌이킬 반) 朴(성　박) 美(아름다울 미)

  ③ 한자어 읽기

  아름다울 미, 나라 국, **미국**　성 박, 성씨 씨, **박씨**　돌이킬 반, 살필 성, **반성**

  반 반, 나눌 분, **반분**　나눌 반, 긴 장, **반장**

  ④ 배운 글자까지 (세로로) 훈 음 읽기 ※예: **210자** 病(병 병)까지 배웠다면?

  美(아름다울 미) 發(필　발) 朴(성　박) 放(놓을 방) 反(돌이킬 반)

  番(차례 번) 半(반　반) 別(다를 별) 班(나눌 반) 病(병　병)　월/일㉔

▷ 교사는 수시로 【100자 단위로 읽기점검】 하고
  점검일자를 표기한다. 월/일㉔ ※(예: 10쪽 / **200자**) 세로로 훈 음 읽기

時 育 正 川 下 各 高 郡 待 禮 食 邑 祖 千 夏 角 功 近 對 路
植 入 足 天 漢 感 公 根 度 綠 心 子 左 草 海 强 共 今 圖 利

7급 (100자) 훈음표

* 의 표시는 두 개 이상의 훈 음을 갖고 있는 글자임

一	二	三	四	五	六	七	八	九	十
한 일	두 이	석 삼	넉 사	다섯 오	여섯 륙	일곱 칠	여덟 팔	아홉 구	열 십
日	月	火	水	木	*金	土	寸	女	王
날 일	달 월	불 화	물 수	나무 목	쇠 금 / 성 김	흙 토	마디 촌	계집 녀	임금 왕
人	民	山	外	大	中	小	年	長	門
사람 인	백성 민	메 산	바깥 외	큰 대	가운데 중	작을 소	해 년	긴 장	문 문
青	白	父	母	兄	弟	先	生	敎	室
푸를 청	흰 백	아비 부	어미 모	형 형	아우 제	먼저 선	날 생	가르칠 교	집 실
東	西	南	*北	學	校	萬	軍	韓	國
동녘 동	서녘 서	남녘 남	북녘 북 / 달아날 배	배울 학	학교 교	일만 만	군사 군	나라 한	나라 국
家	歌	間	江	*車	工	空	口	記	氣
집 가	노래 가	사이 간	강 강	수레 차 / 수레 거	장인 공	빌 공	입 구	기록할 기	기운 기
旗	男	內	農	答	道	冬	同	*洞	動
기 기	사내 남	안 내	농사 농	대답 답	길 도	겨울 동	한가지 동	골 동 / 밝을 통	움직일 동
登	來	力	老	里	林	立	每	面	名
오를 등	올 래	힘 력	늙을 로	마을 리	수풀 림	설 립	매양 매	낯 면	이름 명
命	文	問	物	方	百	夫	不	事	算
목숨 명	글월 문	물을 문	물건 물	모 방	일백 백	지아비 부	아닐 불	일 사	셈 산
上	色	夕	姓	世	少	所	手	數	市
윗 상	빛 색	저녁 석	성 성	인간 세	적을 소	바 소	손 수	셈 수	저자 시

一	二	三	四	五	六	七	八	九	十
一月	二日	三十	四年	五年	六月	七日	八十	九十	十月
日	月	火	水	木	金	土	寸	女	王
日	月	火	水	木	金	土	四寸	女軍	王室
人	民	山	外	大	中	小	年	長	門
軍人	國民	靑山	外國	大王	中國	小人	學年	長女	校門
靑	白	父	母	兄	弟	先	生	敎	室
靑軍	白軍	父母	母女	長兄	兄弟	先生	生日	敎室	室外
東	西	南	北	學	校	萬	軍	韓	國
東門	西山	南韓	北韓	學校	校長	十萬	國軍	韓國	國土
家	歌	間	江	車	工	空	口	記	氣
家門	校歌	中間	江山	白車	工事	空白	人口	日記	人氣
旗	男	內	農	答	道	冬	同	洞	動
國旗	男女	國內	農土	正答	國道	秋冬	同門	洞民	生動
登	來	力	老	里	林	立	每	面	名
登校	來年	學力	老母	洞里	農林	國立	每日	外面	名山
命	文	問	物	方	百	夫	不	事	算
生命	文人	學問	文物	東方	百萬	農夫	不動	記事	算數
上	色	夕	姓	世	少	所	手	數	市
年上	靑色	七夕	同姓	世上	少女	名所	手記	數年	市長

* 의 표시는 두 개 이상의 훈 음을 갖고 있는 글자임

時	食	植	心	安	語	然	午	右	有
때 시	밥 식	심을 식	마음 심	편안 안	말씀 어	그럴 연	낮 오	오른 우	있을 유
育	邑	入	子	字	自	場	全	前	電
기를 육	고을 읍	들 입	아들 자	글자 자	스스로 자	마당 장	온전 전	앞 전	번개 전
正	祖	足	左	主	住	重	地	紙	直
바를 정	할아비 조	발 족	왼 좌	주인 주	살 주	무거울 중	따 지	종이 지	곧을 직
川	千	天	草	村	秋	春	出	*便	平
내 천	일천 천	하늘 천	풀 초	마을 촌	가을 추	봄 춘	날 출	편할 편 똥오줌 변	평평할 평
下	夏	漢	海	花	話	活	孝	後	休
아래 하	여름 하	한나라 한	바다 해	꽃 화	말씀 화	살 활	효도 효	뒤 후	쉴 휴
各	角	感	强	開	京	界	計	古	苦
각각 각	뿔 각	느낄 감	강할 강	열 개	서울 경	지경 계	셀 계	예 고	쓸 고
高	功	公	共	果	科	光	交	區	球
높을 고	공 공	공평할 공	한가지 공	실과 과	과목 과	빛 광	사귈 교	구분할 구	공 구
郡	近	根	今	急	級	多	短	堂	代
고을 군	가까울 근	뿌리 근	이제 금	급할 급	등급 급	많을 다	짧을 단	집 당	대신할 대
待	對	度	圖	*讀	童	頭	等	*樂	例
기다릴 대	대할 대	법도 도	그림 도	읽을 독 구절 두	아이 동	머리 두	무리 등	즐길 락 노래 악	법식 례
禮	路	綠	利	*李	理	明	目	聞	米
예도 례	길 로	푸를 록	이할 리	오얏 리 성 리	다스릴 리	밝을 명	눈 목	들을 문	쌀 미

時	食	植	心	安	語	然	午	右	有
生時	食間	植木	一心	安心	語文	天然	上午	右手	有力
育	邑	入	子	字	自	場	全	前	電
生育	邑民	入口	父子	文字	自立	市場	全力	事前	電力
正	祖	足	左	主	住	重	地	紙	直
正道	祖父	不足	左手	主力	住所	二重	土地	紙面	直前
川	千	天	草	村	秋	春	出	便	平
山川	千金	天地	草食	農村	立秋	立春	出口	便紙	不平
下	夏	漢	海	花	話	活	孝	後	休
下山	春夏	漢江	海軍	花草	手話	活動	孝女	先後	休日
各	角	感	强	開	京	界	計	古	苦
各國	角木	感動	强國	開校	上京	各界	家計	古物	苦學
高	功	公	共	果	科	光	交	區	球
高級	功名	公正	共同	成果	學科	日光	交代	區別	地球
郡	近	根	今	急	級	多	短	堂	代
郡民	近海	根本	今日	急行	一級	多數	短文	食堂	代金
待	對	度	圖	讀	童	頭	等	樂	例
待命	對話	年度	地圖	讀書	童心	白頭	一等	苦樂	例年
禮	路	綠	利	李	理	明	目	聞	米
禮物	道路	綠色	便利	李花	事理	明白	目前	所聞	白米

월/일 ① / ② / ③ / ④ / ⑤ /

* 의 표시는 두 개 이상의 훈 음을 갖고 있는 글자임

美	朴	反	半	班
아름다울 미	성 박	돌이킬 반	반 반	나눌 반
發	放	番	別	病
필 발	놓을 방	차례 번	다를 별	병 병
服	本	部	分	死
옷 복	근본 본	떼 부	나눌 분	죽을 사
使	社	書	石	席
부릴 사	모일 사	글 서	돌 석	자리 석
線	雪	成	*省	消
줄 선	눈 설	이룰 성	살필 성/덜 생	사라질 소
速	孫	樹	術	習
빠를 속	손자 손	나무 수	재주 술	익힐 습
勝	始	式	身	信
이길 승	비로소 시	법 식	몸 신	믿을 신
神	新	失	愛	夜
귀신 신	새 신	잃을 실	사랑 애	밤 야
野	弱	藥	洋	陽
들 야	약할 약	약 약	큰바다 양	볕 양
言	業	永	英	溫
말씀 언	업 업	길 영	꽃부리 영	따뜻할 온

(250자) ▶ 오늘 배운 글자를 「읽기점검」 하고, 점검일자를 표기한다. 월/일

美	朴	反	半	班 205자
美國	朴氏	反省	半分	班長 /
發	放	番	別	病 210자
發明	放學	番號	別室	病苦 /
服	本	部	分	死 215자
洋服	本來	部分	分明	病死 /
使	社	書	石	席 220자
使用	社會	書信	石油	出席 /
線	雪	成	*省	消 225자
光線	白雪	成立	自省	消失 /
速	孫	樹	術	習 230자
速成	後孫	樹木	手術	自習 /
勝	始	式	身	信 235자
勝戰	始動	正式	身分	信用 /
神	新	失	愛	夜 240자
神通	新人	失物	愛用	夜間 /
野	弱	藥	洋	陽 245자
野外	弱者	藥草	海洋	夕陽 /
言	業	永	英	溫 250자
言行	農業	永遠	英才	溫度 /

월/일 ① / ② / ③ / ④ / ⑤ /

* 의 표시는 두 개 이상의 훈 음을 갖고 있는 글자임

用	勇	運	園	遠
쓸 용	날낼 용	옮길 운	동산 원	멀 원
由	油	銀	音	飮
말미암을 유	기름 유	은 은	소리 음	마실 음
衣	意	醫	者	作
옷 의	뜻 의	의원 의	놈 자	지을 작
昨	章	才	在	戰
어제 작	글 장	재주 재	있을 재	싸움 전
定	庭	第	題	朝
정할 정	뜰 정	차례 제	제목 제	아침 조
族	注	晝	集	窓
겨레 족	부을 주	낮 주	모을 집	창 창
淸	體	親	太	通
맑을 청	몸 체	친할 친	클 태	통할 통
特	表	風	合	*行
특별할 특	겉 표	바람 풍	합할 합	다닐 행/항렬 항
幸	向	現	形	號
다행 행	향할 향	나타날 현	모양 형	이름 호
和	畵	黃	會	訓
화할 화	그림 화	누를 황	모일 회	가르칠 훈

用	勇	運	園	遠 255자
用語	勇者	運動	花園	遠近 /
由	油	銀	音	飲 260자
由來	注油	銀行	音樂	飲食 /
衣	意	醫	者	作 265자
衣服	意向	醫術	記者	作家 /
昨	章	才	在	戰 270자
昨今	文章	天才	在京	交戰 /
定	庭	第	題	朝 275자
特定	庭園	第一	主題	朝夕 /
族	注	晝	集	窓 280자
民族	注入	晝夜	集會	窓門 /
清	體	親	太	通 285자
清算	體育	親交	太古	通話 /
特	表	風	合	*行 290자
特色	表現	風習	合意	行動 /
幸	向	現	形	號 295자
幸運	向上	現代	形式	番號 /
和	畵	黃	會	訓 300자
平和	名畵	黃金	會同	社訓 /

월/일 ① / ② / ③ / ④ / ⑤ /

사자성어 익히기

순	四字成語(사자성어)	네 글자로 이루어진 말 알기
41	高速道路(고속도로)	차가 빠른 속도로 달릴 수 있는 도로
42	公明正大(공명정대)	공정하고 공평하며 크게 바름
43	交通信號(교통신호)	건널목에 설치해 놓은 신호등
44	九死一生(구사일생)	아홉 번 죽을 번하다가 한번 살아남
45	男女有別(남녀유별)	남자와 여자는 분별이 있어야 함
46	代代孫孫(대대손손)	대대로 이어 내려오는 자손
47	大明天地(대면천지)	아주 밝은 세상
48	同苦同樂(동고동락)	함께 고생하고 함께 즐거워 함
49	同生共死(동생공사)	서로같이 살고 같이 죽음
50	東西古今(동서고금)	동양과 서양, 옛날과 지금
51	同姓同本(동성동본)	성과 본관이 같음
52	同時多發(동시다발)	같은 시간에 연이어 많이 발생함
53	萬國信號(만국신호)	배와 배, 배와 육지 사이에 쓰이는 신호
54	門前成市(문전성시)	찾아오는 사람들이 많아 문 앞이 시장을 이룸
55	百年大計(백년대계)	백년을 내다보고 세우는 큰 계획
56	百萬長者(백만장자)	재산이 많은 큰 부자
57	白面書生(백면서생)	글만 읽고 세상일에 경험이 없는 사람
58	百發百中(백발백중)	백번 쏘아 백번 맞음
59	白衣民族(백의민족)	흰옷을 즐겨 입었던 우리나라 민족
60	百戰百勝(백전백승)	백번 싸워 백번 이김

▶ 다음 사자성어를 한자로 쓰고, 뜻을 쓰세요.

순	四字成語(사자성어)	네 글자로 이루어진 말 쓰기
41	고속도로( )	
42	공명정대( )	
43	교통신호( )	
44	구사일생( )	
45	남녀유별( )	
46	대대손손( )	
47	대명천지( )	
48	동고동락( )	
49	동생공사( )	
50	동서고금( )	
51	동성동본( )	
52	동시다발( )	
53	만국신호( )	
54	문전성시( )	
55	백년대계( )	
56	백만장자( )	
57	백면서생( )	
58	백발백중( )	
59	백의민족( )	
60	백전백승( )	

본 교재의 학습방법 및 학습순서

1 본문학습

– 아래와 같이 ○ 을 그리며 학습한다.

▶ 본문 읽기 : **아름다울 미**에 **나라 국**은 '**아름다울 미. 나라 국.**' 미국이고요
아름다운 여자 미인입니다.

▶ 한자 쓰기 : 필순에 맞게 한자를 쓴다.

▶ 부수 읽기 : **아름다울 미**의 부수는 양 양

필순 : 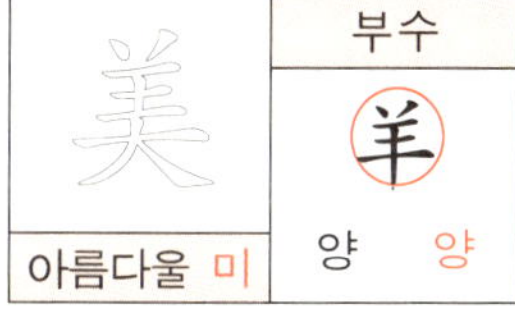

	부수
美	羊
아름다울 미	양　　양

아름다울 미에 나라 국은 美國이고요
미국

아름다운 여자 美人입니다.
미인

2 한자 쓰기

한자쓰기 후 (교사는) 오늘 배운 글자를 「읽기점검」 하고 점검 일자를 표기한다.
① (가로로) 훈 음 읽기
② (거꾸로) 훈 음 읽기
③ 한자어 읽기
④ (세로로) 훈 음 읽기

3 쓰기 복습

4 예상 문제

필순 : 美 美 美 美 美 美 美 美 美

美 아름다울 미	부수 羊 양 양

아름다울 미에 **나라 국**은 美國이고요
아름다운 여자 美人입니다.

필순 : 一 十 才 才 木 朴 朴

朴 성 박	부수 木 나무 목

성 박에 성씨 씨는 朴氏이고요
꾸밈이나 거짓이 없고 수수함 素朴입니다.

필순 : 一 厂 反 反

反 돌이킬 반	부수 又 손 우

돌이킬 반에 **살필 성**은 反省이고요
찬성하지 아니함 反對 입니다.

필순 : 一 午 午 半 半

半 반 반	부수 十 열 십

반 반에 **나눌 분**은 半分이고요
반달 半月입니다.

필순 : 班 班 班 班 班 班 班 班 班 班

班 나눌 반	부수 玉 구슬 옥

한 일에 **나눌 반**은 一班이고요
반을 대표하여 일을 맡아보는 사람 班長 입니다.

▶ 한자의 훈 음을 쓰고, 필순에 맞게 한자를 따라 쓰세요.

美	부수 羊	美	美	美		
아름다울 미					아름다울 미	아름다울 미
朴	부수 木	朴	朴	朴		
성 박					성 박	성 박
反	부수 又	反	反	反		
돌이킬 반					돌이킬 반	돌이킬 반
半	부수 十	半	半	半		
반 반					반 반	반 반
班	부수 玉	班	班	班		
나눌 반					나눌 반	나눌 반

▶ 다음 한자어를 쓰고, 낱말의 뜻을 쓰세요.

(1) 미인 ( ) :

(2) 소박 ( ) :

(3) 반대 ( ) :

(4) 반월 ( ) :

(5) 반장 ( ) :

※ 오늘 배운 글자를 선생님께 「읽기점검」 한다 ⇨ 205자

필순 : 發 發 發 發 發 發 發 發 發 發 發 發

	부수
發	癶
필 **발**	걸을 **발**

필 발에 **밝을 명**은 發明이고요 (발명)
어떤 일이 새로 생겨남 發生입니다. (발생)

필순 : 放 放 放 放 放 放 放 放

	부수
放	攴(攵)
놓을 **방**	칠 **복**

놓을 방에 **배울 학**은 放學이고요 (방학)
한꺼번에 내놓음 放出입니다. (방출)

필순 : 番 番 番 番 番 番 番 番 番 番 番 番

	부수
番	田
차례 **번**	밭 **전**

차례 번에 **이름 호**는 番號이고요 (번호)
번호 붙여 나눈 땅 番地입니다. (번지)

필순 : 別 別 別 別 別 別 別

	부수
別	刀(刂)
다를 **별**	칼 **도**

다를 별에 **이름 명**은 別名이고요 (별명)
따로 마련된 방 別室입니다. (별실)

필순 : 病 病 病 病 病 病 病 病 病 病

	부수
病	疒
병 **병**	병들 **녁**

병 병에 **집 실**은 病室이고요 (병실)
병으로 인한 고통 病苦입니다. (병고)

▶ 한자의 훈 음을 쓰고, 필순에 맞게 한자를 따라 쓰세요.

發	부수 火	發	發	發		
필발					필발	필발
放	부수 攴	放	放	放		
놓을방					놓을 방	놓을 방
番	부수 田	番	番	番		
차례번					차례 번	차례 번
別	부수 刀	別	別	別		
다를별					다를 별	다를 별
病	부수 疒	病	病	病		
병병					병 병	병 병

▶ 다음 한자어를 쓰고, 낱말의 뜻을 쓰세요.

(1) 발생 (　　　　):

(2) 방출 (　　　　):

(3) 번지 (　　　　):

(4) 별실 (　　　　):

(5) 병고 (　　　　):

※ 오늘 배운 글자를 선생님께 「읽기점검」한다 ⇨ 210자

高	功	公	共	果
科	光	交	區	球
郡	近	根	今	急
級	多	短	堂	代
待	對	度	圖	讀
童	頭	等	樂	例
禮	路	綠	利	李
理	明	目	聞	米
美	朴	反	半	班
發	放	番	別	病

높을 고	공 공	공평할 공	한가지 공	실과 과
과목 과	빛 광	사귈 교	구분할 구	공 구
고을 군	가까울 근	뿌리 근	이제 금	급할 급
등급 급	많을 다	짧을 단	집 당	대신할 대
기다릴 대	대할 대	법도 도	그림 도	읽을 독
아이 동	머리 두	무리 등	즐길 락/노래 악	법식 례
예도 례	길 로	푸를 록	이할 리	오얏 리
다스릴 리	밝을 명	눈 목	들을 문	쌀 미
아름다울 미	성 박	돌이킬 반	반 반	나눌 반
필 발	놓을 방	차례 번	다를 별	병 병

▶ 다음 한자어의 독음을 쓰고, 한자어를 따라 쓰세요.

病	苦	別	室	番	地	放	出
發	生	班	長	半	月	反	對
素	朴	美	人	病	室	別	名
番	號	放	學	發	明	一	班
半	分	反	省	朴	氏	美	國

▶ 다음 독음에 맞는 한자어를 쓰세요.

병	고	별	실	번	지	방	출
발	생	반	장	반	월	반	대
소	박	미	인	병	실	별	실
번	호	방	학	발	명	일	반
반	분	반	성	박	씨	미	국

❶ 다음 漢字語한자어의 讀音독음을 쓰세요.

<보기> 一月 → (일월)

1) 病苦 (   )   2) 別室 (   )

3) 番地 (   )   4) 放出 (   )

5) 發生 (   )   6) 班長 (   )

7) 半月 (   )   8) 反對 (   )

9) 素朴 (   )   10) 美人 (   )

11) 病室 (   )   12) 別名 (   )

13) 番號 (   )   14) 放學 (   )

15) 發明 (   )   16) 一班 (   )

17) 半分 (   )   18) 反省 (   )

19) 朴氏 (   )   20) 美國 (   )

❷ 다음 漢字한자의 訓(훈:뜻)과 音(음:소리)을 쓰세요.

<보기>　十 → (열　십)

21) 朴 (　　　　)　　　22) 半 (　　　　)

23) 發 (　　　　)　　　24) 番 (　　　　)

25) 病 (　　　　)　　　26) 美 (　　　　)

27) 反 (　　　　)　　　28) 班 (　　　　)

29) 放 (　　　　)　　　30) 別 (　　　　)

❸ 다음 밑줄 친 漢字語를 漢字로 쓰세요.

31) 할머니 성씨는 박 씨다. ……………………… (　　　　)

32) 초생 달이 어느새 반월이 되었다. …………… (　　　　)

33) 오늘은 우리 반 반장을 뽑는 날이다. ……… (　　　　)

34) 교통사고의 발생을 막다. ……………………… (　　　　)

35) 서민들에게 전세자금을 방출하다. …………… (　　　　)

36) 주소를 쓸 때는 번지까지 써야한다. ………… (　　　　)

37) 우리 어머니 별명은 만물박사다. …………… (　　　　)

38) 오랜 병고로 시달리다. ………………………… (　　　　)

39) 반대의견이 많았다. …………………………… (　　　　)

40) 우리누나는 미인이다. ………………………… (　　　　)

❹ 다음 漢字의 反對字(반대자) 또는 相對字(상대자)를 골라 번호를 쓰세요.

41) 短 (　　　) ① 苦　② 美　③ 反　④ 長

42) 死 (　　　) ① 別　② 家　③ 生　④ 各

❺ 다음 (　　　)안에 들어갈 漢字를 보기에서 찾아 그 번호를 쓰세요.

<보기>

① 內　② 方　③ 農　④ 長　⑤ 村　⑥ 道

43) 不老(　　　)生 : 늙지 않고 오래 삶

44) 四(　　　)八方 : 동서남북 모든 방향

❻ 다음 漢字와 뜻이 비슷한 漢字를 골라 그 번호를 쓰세요.

45) 便 (　　　) : ① 足　② 安　③ 全　④ 語

46) 綠 (　　　) : ① 祖　② 電　③ 堂　④ 靑

❼ 다음에서 소리는 같으나 뜻이 다른 漢字를 골라 그 번호를 쓰세요.

47) 美 (　　　) : ① 綠　② 李　③ 明　④ 米

48) 反 (　　　) : ① 飮　② 近　③ 半　④ 區

49) 放 (　　　) : ① 登　② 方　③ 世　④ 市

❽ 다음 漢字語의 뜻을 쓰세요.

50) 別室 :

51) 病苦 :

❾ 다음 漢字의 ㉠획은 몇 번째 쓰는지 <보기>에서 찾아 그 번호를 쓰세요.

<보기>

① 첫 번째　　② 두 번째　　③ 세 번째
④ 네 번째　　⑤ 다섯 번째　　⑥ 여섯 번째
⑦ 일곱 번째　　⑧ 여덟 번째　　⑨ 아홉 번째
⑩ 열 번째　　⑪ 열한 번째　　⑫ 열두 번째

52) 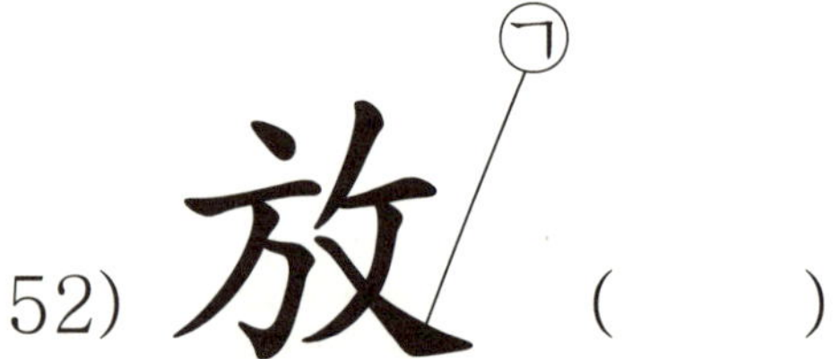　（　）

53) 　（　）

6급(6) 예상문제 정답

1	병고	19	박씨	37	別名
2	별실	20	미국	38	病苦
3	번지	21	성 박	39	反對
4	방출	22	반 반	40	美人
5	발생	23	필 발	41	④
6	반장	24	차례 번	42	③
7	반월	25	병 병	43	④
8	반대	26	아름다울 미	44	②
9	소박	27	돌이킬 반	45	②
10	미인	28	나눌 반	46	④
11	병실	29	놓을 방	47	④
12	별명	30	다를 별/나눌 별	48	③
13	번호	31	朴	49	②
14	방학	32	半月	50	따로 마련된 방
15	발명	33	班長	51	병으로 인한 고통
16	일반	34	發生	52	⑧
17	반분	35	放出	53	④
18	반성	36	番地		

▶ 다음 본문을 읽고, 필순에 맞게 한자를 쓰세요.

필순 : 服 月 服 服 服 服 服 服

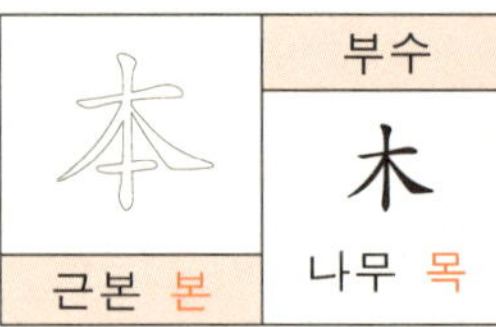

服	부수 月 달 월
옷 복	

큰바다 양에 옷 복은 洋服이고요
　　　　　　　　　　　　양복
한국의 고유한 의복 韓服입니다.
　　　　　　　　　　　한복

필순 : 一 十 才 木 本 本

本	부수 木 나무 목
근본 본	

근본 본에 올 래는 本來이고요
　　　　　　　　　　본래
주요 내용을 담은 글 本文입니다.
　　　　　　　　　　본문

필순 : 部 部 部 部 部 部 部 部 部 部 部

部	부수 邑(阝) 고을 읍
떼 부	

떼 부에 나눌 분은 部分이고요
　　　　　　　　　부분
상관의 명령에 움직이는 사람 部下입니다.
　　　　　　　　　　　　　　　부하

필순 : 分 分 分 分

分	부수 刀 칼 도
나눌 분	

나눌 분에 학교 교는 分校이고요
　　　　　　　　　　분교
뚜렷하고 명확한 것 分明입니다.
　　　　　　　　　　분명

필순 : 死 死 死 死 死 死

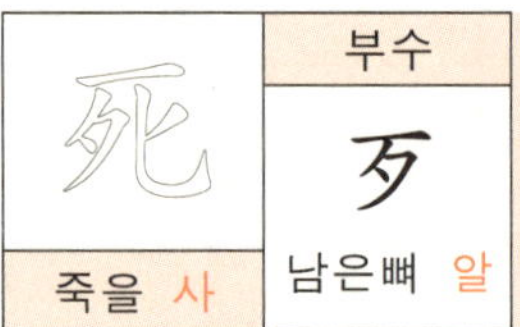

死	부수 歹 남은뼈 알
죽을 사	

병 병에 죽을 사는 病死이고요
　　　　　　　　　　병사
사람의 삶과 죽음 生死입니다.
　　　　　　　　　　생사

▶ 한자의 훈 음을 쓰고, 필순에 맞게 한자를 따라 쓰세요.

服	부수 月	服	服	服		
옷 복					옷 복	옷 복
本	부수 木	本	本	本		
근본 본					근본 본	근본 본
部	부수 邑	部	部	部		
떼 부					떼 부	떼 부
分	부수 刀	分	分	分		
나눌 분					나눌 분	나눌 분
死	부수 歹	死	死	死		
죽을 사					죽을 사	죽을 사

▶ 다음 한자어를 쓰고, 낱말의 뜻을 쓰세요.

(1) 한복 (   ) :

(2) 본문 (   ) :

(3) 부하 (   ) :

(4) 분명 (   ) :

(5) 생사 (   ) :

※ 오늘 배운 글자를 선생님께 「읽기점검」 한다 ⇨ 215자

▶ 다음 본문을 읽고, 필순에 맞게 한자를 쓰세요.

필순 : 使 使 使 使 使 使 使 使

使	부수 人(亻) 사람 인
부릴 사	

부릴 사에 쓸 용은 使用이고요
맡겨진 임무 使命입니다.

필순 : 社 社 社 社 社 社 社 社

社	부수 示 보일 시
모일 사	

모일 사에 모일 회는 社會이고요
회사의 대표자 社長입니다.

필순 : 書 書 書 書 書 書 書 書 書 書

書	부수 曰 말할 왈
글 서	

글 서에 믿을 신은 書信이고요
기록을 맡아 보는 사람 書記입니다.

필순 : 石 石 石 石 石

石	부수 石 돌 석
돌 석	

돌 석에 기름 유는 石油이고요
돌 세공 하는 사람 石工입니다.

필순 : 席 席 席 席 席 席 席 席 席 席

席	부수 巾 수건 건
자리 석	

날 출에 자리 석은 出席이고요
서서 타고 가는 자리 立席입니다.

	부수					
使	人	使	使	使		
부릴 사					부릴 사	부릴 사
社	示	社	社	社		
모일 사					모일 사	모일 사
書	曰	書	書	書		
글 서					글 서	글 서
石	石	石	石	石		
돌 석					돌 석	돌 석
席	巾	席	席	席		
자리 석					자리 석	자리 석

▶ 다음 한자어를 쓰고, 낱말의 뜻을 쓰세요.

(1) 사명 (   ) :

(2) 사장 (   ) :

(3) 서기 (   ) :

(4) 석공 (   ) :

(5) 입석 (   ) :

※ 오늘 배운 글자를 선생님께 「읽기점검」 한다 ⇨ 220자

郡	近	根	今	急
級	多	短	堂	代
待	對	度	圖	讀
童	頭	等	樂	例
禮	路	綠	利	李
理	明	目	聞	米
美	朴	反	半	班
發	放	番	別	病
服	本	部	分	死
使	社	書	石	席

고을 군	가까울 근	뿌리 근	이제 금	급할 급
등급 급	많을 다	짧을 단	집 당	대신할 대
기다릴 대	대할 대	법도 도	그림 도	읽을 독
아이 동	머리 두	무리 등	즐길 락/노래 악	법귀 례
예도 례	길 로	푸를 록	이할 리	오얏 리
다스릴 리	밝을 명	눈 목	들을 문	쌀 미
아름다울 미	성 박	돌이킬 반	반 반	나눌 반
필 발	놓을 방	차례 번	다를 별	병 병
옷 복	근본 본	떼 부	나눌 분	죽을 사
부릴 사	모일 사	글 서	돌 석	자리 석

立	席	石	工	書	記	社	長
使	命	生	死	分	明	部	下
本	文	韓	服	出	席	石	油
書	信	社	會	使	用	病	死
分	校	部	分	本	來	洋	服

▶ 다음 독음에 맞는 한자어를 쓰세요.

입	석	석	공	서	기	사	장
사	명	생	사	분	명	부	하
본	문	한	복	출	석	석	유
서	신	사	회	사	용	병	사
분	교	부	분	본	래	양	복

❶ 다음 漢字語한자어의 讀音독음을 쓰세요.

<보기>　一月 → (일월)

1) 立席 (　　　)　　2) 石工 (　　　)

3) 書記 (　　　)　　4) 社長 (　　　)

5) 使命 (　　　)　　6) 生死 (　　　)

7) 分明 (　　　)　　8) 部下 (　　　)

9) 本文 (　　　)　　10) 韓服 (　　　)

11) 出席 (　　　)　　12) 石油 (　　　)

13) 書信 (　　　)　　14) 社會 (　　　)

15) 使用 (　　　)　　16) 病死 (　　　)

17) 分校 (　　　)　　18) 部分 (　　　)

19) 本來 (　　　)　　20) 洋服 (　　　)

❷ 다음 漢字한자의 訓(훈:뜻)과 音(음:소리)을 쓰세요.

<보기>　十 → (열　십)

21) 服 (　　　)　　22) 部 (　　　)

23) 死 (　　　)　　24) 社 (　　　)

25) 石 (　　　)　　26) 本 (　　　)

27) 分 (　　　)　　28) 使 (　　　)

29) 書 (　　　)　　30) 席 (　　　)

❸ 다음 밑줄 친 漢字語를 漢字로 쓰세요.

31) 어머니는 한복을 즐겨 입으신다. ……………(　　　)

32) 본문을 읽고 물음에 답하시오. ………………(　　　)

33) 부하에게 명령하다. ……………………………(　　　)

34) 새소리가 분명히 났다. ………………………(　　　)

35) 생사를 걸고 일했다. …………………………(　　　)

36) 사명감으로 연구에 몰두했다. ………………(　　　)

37) 저분이 우리 회사 사장님이시다. …………(　　　)

38) 반가운 서신이 왔다. …………………………(　　　)

39) 석유 값이 많이 올랐다. ………………………(　　　)

40) 입석을 타고 가는 여행도 즐거웠다. …………(　　　)

❹ 다음 漢字의 反對字(반대자) 또는 相對字(상대자)를 골라 번호를 쓰세요.

41) 多 (　　　) ① 小　② 萬　③ 社　④ 少

42) 苦 (　　　) ① 樂　② 服　③ 死　④ 部

❺ 다음 (　　)안에 들어갈 漢字를 보기에서 찾아 그 번호를 쓰세요.

<보기>

① 東　② 草　③ 南　④ 下　⑤ 村　⑥ 花

43) 山川(　　)木 : 산과 내와 풀과 나무

44) 上(　　)左右 : 위. 아래. 왼쪽. 오른쪽

❻ 다음 漢字와 뜻이 비슷한 漢字를 골라 그 번호를 쓰세요.

45) 計 (　　　) : ① 分　② 算　③ 直　④ 左

46) 數 (　　　) : ① 天　② 死　③ 計　④ 住

❼ 다음에서 소리는 같으나 뜻이 다른 漢字를 골라 그 번호를 쓰세요.

47) 石 (　　　) : ① 服　② 放　③ 席　④ 別

48) 使 (　　　) : ① 病　② 班　③ 番　④ 死

49) 書 (　　　) : ① 西　② 洞　③ 男　④ 北

❽ 다음 漢字語의 뜻을 쓰세요.

50) 社長 :

51) 立席 :

❾ 다음 漢字의 ㉠획은 몇 번째 쓰는지 <보기>에서 찾아
그 번호를 쓰세요.

<보기>

① 첫 번째   ② 두 번째   ③ 세 번째
④ 네 번째   ⑤ 다섯 번째   ⑥ 여섯 번째
⑦ 일곱 번째   ⑧ 여덟 번째   ⑨ 아홉 번째
⑩ 열 번째   ⑪ 열한 번째   ⑫ 열두 번째

52) 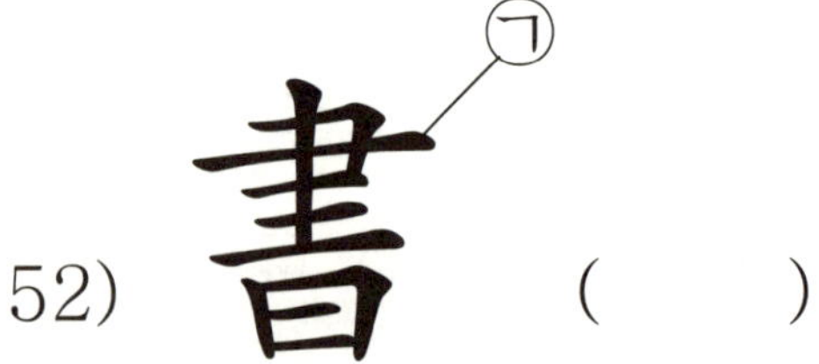 (   )

53) 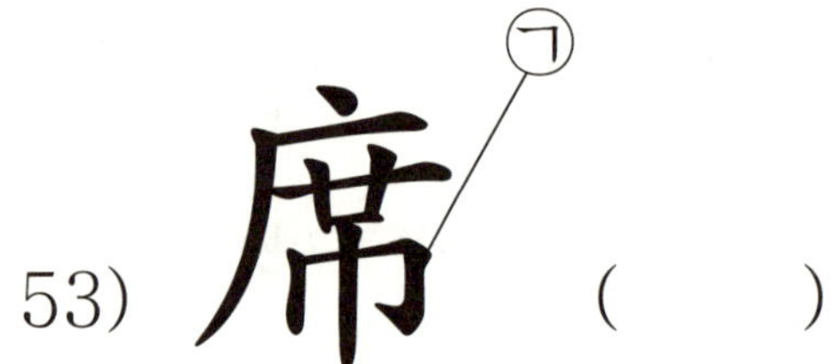 (   )

6급(7) 예상문제 정답

1	입석	19	본래	37	社長
2	석공	20	양복	38	書信
3	서기	21	옷 복	39	石油
4	사장	22	떼 부	40	立席
5	사명	23	죽을 사	41	④
6	생사	24	모일 사	42	①
7	분명	25	돌 석	43	②
8	부하	26	근본 본	44	④
9	본문	27	나눌 분	45	②
10	한복	28	부릴 사 하여금 사	46	③
11	출석	29	글 서	47	③
12	석유	30	자리 석	48	④
13	서신	31	韓服	49	①
14	사회	32	本文	50	회사의 대표자
15	사용	33	部下	51	서서타고 가는 자리
16	병사	34	分明	52	②
17	분교	35	生死	53	⑨
18	부분	36	使命		

▶ 다음 본문을 읽고, 필순에 맞게 한자를 쓰세요.

필순 : 線線線線線線線線線線線線線線線

線	부수 糸 실 사
줄 선	

빛 광에 줄 선은 光線이고요
전류가 통하도록 만든 전깃줄 電線입니다.

필순 : 雪雪雪雪雪雪雪雪雪雪雪

雪	부수 雨 비 우
눈 설	

흰 백에 눈 설은 白雪이고요
많이 내린 큰 눈 大雪입니다.

필순 : 成成成成成成

成	부수 戈 창 과
이룰 성	

이룰 성에 일 사는 成事이고요
사물이 이루어짐 成立입니다.

필순 : 省省省省省省省省省

省	부수 目 눈 목
살필 성	

돌이킬 반에 살필 성은 反省이고요
스스로를 반성함 自省입니다.

필순 : 消消消消消消消消消消

消	부수 水(氵) 물 수
사라질 소	

사라질 소에 잃을 실은 消失이고요
불을 끔 消火입니다.

線	부수 糸	線	線	線		
줄 선					줄 선	줄 선
雪	부수 雨	雪	雪	雪		
눈 설					눈 설	눈 설
成	부수 戈	成	成	成		
이룰 성					이룰 성	이룰 성
省	부수 目	省	省	省		
살필 성					살필 성	살필 성
消	부수 水	消	消	消		
사라질 소					사라질 소	사라질 소

▶ 다음 한자어를 쓰고, 낱말의 뜻을 쓰세요.

(1) 전선 (   ):

(2) 대설 (   ):

(3) 성립 (   ):

(4) 자성 (   ):

(5) 소화 (   ):

※ 오늘 배운 글자를 선생님께 「읽기점검」 한다 ⇨ 225자

필순 : 速 速 速 速 束 束 速 速 速 速 速

速	부수 辵(辶) 갈 착
빠를 속	

급할 급에 **빠를 속**은 急速이고요
급속
빨리 이루어지는 것 速成입니다.
속성

필순 : 孫 孑 孑 孑 孫 孫 孫 孫 孫 孫

孫	부수 子 아들 자
손자 손	

뒤 후에 손자 손은 後孫이고요
후손
아들의 아들 孫子입니다.
손자

필순 : 樹 樹 樹 樹 樹 樹 樹 樹 樹 樹 樹 樹 樹 樹 樹 樹

樹	부수 木 나무 목
나무 수	

나무 수에 **나무 목**은 樹木이고요
수목
정부 등을 세우는 것 樹立입니다.
수립

필순 : 術 術 術 術 術 術 術 術 術 術 術

術	부수 行 다닐 행
재주 술	

손 수에 **재주 술**은 手術이고요
수술
美를 표현한 예술 美術입니다.
미술

필순 : 習 習 習 習 習 習 習 習 習 習 習

習	부수 羽 날개 우
익힐 습	

스스로 자에 **익힐 습**은 自習이고요
자습
배우고 익히는 것 學習입니다.
학습

▶ 한자의 훈 음을 쓰고, 필순에 맞게 한자를 따라 쓰세요.

速	부수 辶	速	速	速		
빠를 속					빠를 속	빠를 속
孫	부수 子	孫	孫	孫		
손자 손					손자 손	손자 손
樹	부수 木	樹	樹	樹		
나무 수					나무 수	나무 수
術	부수 行	術	術	術		
재주 술					재주 술	재주 술
習	부수 羽	習	習	習		
익힐 습					익힐 습	익힐 습

▶ 다음 한자어를 쓰고, 낱말의 뜻을 쓰세요.

(1) 속성 (   ) :

(2) 손자 (   ) :

(3) 수립 (   ) :

(4) 미술 (   ) :

(5) 학습 (   ) :

待	對	度	圖	讀
童	頭	等	樂	例
禮	路	綠	利	李
理	明	目	聞	米
美	朴	反	半	班
發	放	番	別	病
服	本	部	分	死
使	社	書	石	席
線	雪	成	省	消
速	孫	樹	術	習

▶ 다음 한자의 훈과 음에 맞는 한자를 쓰세요.

기다릴 대	대할 대	법도 도	그림 도	읽을 독
아이 동	머리 두	무리 동	즐길 락/노래 악	법식 례
예도 례	길 로	푸를 록	이할 리	오얏 리
다스릴 리	밝을 명	눈 목	들을 문	쌀 미
아름다울 미	성 박	돌이킬 반	반 반	나눌 반
필 발	놓을 방	차례 번	다를 별	병 병
옷 복	근본 본	때 부	나눌 분	죽을 사
부릴 사	모일 사	글 서	돌 석	자리 석
줄 선	눈 설	이룰 성	살필 성	사라질 소
빠를 속	손자 손	나무 수	재주 술	익힐 습

▶ 다음 한자어의 독음을 쓰고, 한자어를 따라 쓰세요.

學習		美術		樹立		孫子	
速成		消火		自省		成立	
大雪		電線		自習		手術	
樹木		後孫		急速		消失	
反省		成事		白雪		光線	

▶ 다음 독음에 맞는 한자어를 쓰세요.

학	습	미	술	수	립	손	자
속	성	소	화	자	성	성	립
대	설	전	선	자	습	수	술
수	목	후	손	급	속	소	실
반	성	성	사	백	설	광	선

❶ 다음 漢字語한자어**의 讀音**독음**을 쓰세요.**

<보기>   一月 → (일월)

1) 學習 (   )   2) 美術 (   )

3) 樹立 (   )   4) 孫子 (   )

5) 速成 (   )   6) 消火 (   )

7) 自省 (   )   8) 成立 (   )

9) 大雪 (   )   10) 電線 (   )

11) 自習 (   )   12) 手術 (   )

13) 樹木 (   )   14) 後孫 (   )

15) 急速 (   )   16) 消失 (   )

17) 反省 (   )   18) 成事 (   )

19) 白雪 (   )   20) 光線 (   )

② 다음 漢字_{한자}의 訓(훈:뜻)과 音(음:소리)을 쓰세요.

> <보기> 十 → (열 십)

21) 雪 (   ) 22) 省 (   )

23) 速 (   ) 24) 樹 (   )

25) 習 (   ) 26) 線 (   )

27) 成 (   ) 28) 消 (   )

29) 孫 (   ) 30) 術 (   )

③ 다음 밑줄 친 漢字語를 漢字로 쓰세요.

31) 제비들이 <u>전선</u>줄에 앉아있다. ·····················( )

32) <u>백설</u>이 휘날리는 겨울철이다. ·····················( )

33) 계약이 <u>성립</u>되었다. ······························( )

34) 잘못을 <u>반성</u>하다. ······························( )

35) <u>소화</u>기로 불을 끄다. ··························( )

36) <u>속성</u>으로 기술을 익히다. ·····················( )

37) 할머니가 <u>손자</u>를 안고 있다. ·················( )

38) 산에 <u>수목</u>이 우거져 있다. ····················( )

39) <u>미술</u> 시간에 그림을 그렸다. ·················( )

40) 한자 <u>학습</u>을 하였다. ·························( )

❹ 다음 漢字의 反對字(반대자) 또는 相對字(상대자)를 골라
번호를 쓰세요.

41) 祖 (　　　) ① 漢　② 孫　③ 子　④ 樹

42) 手 (　　　) ① 動　② 里　③ 足　④ 物

❺ 다음 (　　　)안에 들어갈 漢字를 보기에서 찾아 그 번
호를 쓰세요.

<보기>

① 冬　② 秋　③ 靑　④ 上　⑤ 下　⑥ 右

43) 世(　　　)萬事 : 세상에서 일어나는 모든 일

44) 二八(　　　)春 : 16세 무렵의 젊은 나이

❻ 다음 漢字와 뜻이 비슷한 漢字를 골라 그 번호를
쓰세요.

45) 共 (　　　) : ① 公　② 成　③ 同　④ 習

46) 郡 (　　　) : ① 國　② 民　③ 洞　④ 邑

❼ 다음에서 소리는 같으나 뜻이 다른 漢字를 골라 그
번호를 쓰세요.

47) 線 (　　　) : ① 服　② 分　③ 先　④ 死

48) 成 (　　　) : ① 省　② 使　③ 石　④ 本

49) 樹 (　　　) : ① 班　② 水　③ 放　④ 植

8 다음 漢字語의 뜻을 쓰세요.

50) 自省 :

51) 速成 :

9 다음 漢字의 ㉠획은 몇 번째 쓰는지 <보기>에서 찾아 그 번호를 쓰세요.

<보기>

① 첫 번째　　② 두 번째　　③ 세 번째
④ 네 번째　　⑤ 다섯 번째　　⑥ 여섯 번째
⑦ 일곱 번째　　⑧ 여덟 번째　　⑨ 아홉 번째
⑩ 열 번째　　⑪ 열한 번째　　⑫ 열두 번째

52) 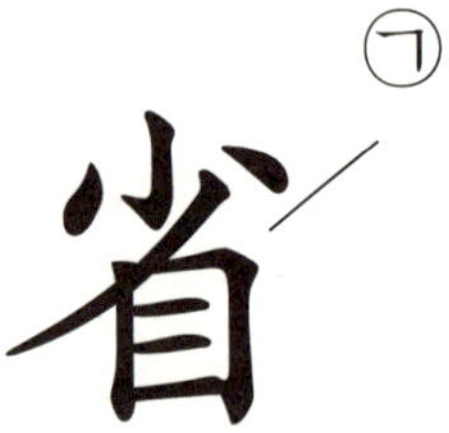 省㉠ (   )

53) 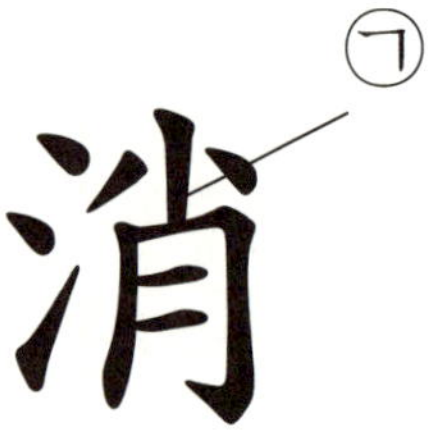 消㉠ (   )

6급(8) 예상문제 정답

1	학습	19	백설	37	孫子
2	미술	20	광선	38	樹木
3	수립	21	눈 설	39	美術
4	손자	22	살필 성	40	學習
5	속성	23	빠를 속	41	②
6	소화	24	나무 수	42	③
7	자성	25	익힐 습	43	④
8	성립	26	줄 선	44	③
9	대설	27	이룰 성	45	③
10	전선	28	사라질 소	46	④
11	자습	29	손자 손	47	③
12	수술	30	재주 술	48	①
13	수목	31	電線	49	②
14	후손	32	白雪	50	스스로 반성함
15	급속	33	成立	51	빨리 이루어 짐
16	소실	34	反省	52	③
17	반성	35	消火	53	④
18	성사	36	速成		

필순 : ﾉ 月 月 月 肝 肝 朕 朕 朕 勝 勝 勝

勝	부수 力 힘 력	이길 승에 이할 리는 勝利이고요 싸움에 이기는 것 勝戰입니다.
이길 승		

필순 : 始 女 女 好 始 始 始 始

始	부수 女 계집 녀	비로소 시에 지을 작은 始作이고요 움직이기 시작함 始動입니다.
비로소 시		

필순 : 二 二 구 式 式 式

式	부수 弋 주살 익	새 신에 법 식은 新式이고요 올바른 방식 正式입니다.
법 식		

필순 : 丿 身 身 身 身 身 身

身	부수 身 몸 신	스스로 자에 몸 신은 自身이고요 사회적인 지위 身分입니다.
몸 신		

필순 : 信 信 信 信 信 信 信 信 信

信	부수 人 (亻) 사람 인	믿을 신에 쓸 용은 信用이고요 자기를 믿는 마음 自信입니다.
믿을 신		

▶ 한자의 훈 음을 쓰고, 필순에 맞게 한자를 따라 쓰세요.

勝	부수 力	勝	勝	勝		
이길 승					이길 승	이길 승
始	부수 女	始	始	始		
비로소 시					비로소 시	비로소 시
式	부수 弋	式	式	式		
법 식					법 식	법 식
身	부수 身	身	身	身		
몸 신					몸 신	몸 신
信	부수 人	信	信	信		
믿을 신					믿을 신	믿을 신

▶ 다음 한자어를 쓰고, 낱말의 뜻을 쓰세요.

(1) 승전 (   ) :

(2) 시동 (   ) :

(3) 정식 (   ) :

(4) 신분 (   ) :

(5) 자신 (   ) :

필순 : 示 示 示 示 示 神 神 神 神

神	부수 示 보일 시
귀신 신	

귀신 신에 **통할 통**은 神通이고요 (신통)
재주와 슬기가 썩 뛰어난 아이 神童입니다. (신동)

필순 : 新 新 新 新 新 辛 辛 新 新 新 新 新

新	부수 斤 도끼 근
새 신	

새 신에 **사람 인**은 新人이고요 (신인)
새로 생겨 나온 것 新生입니다. (신생)

필순 : 失 失 失 失 失

失	부수 大 큰 대
잃을 실	

잃을 실에 **손 수**는 失手이고요 (실수)
잃어버린 물건 失物입니다. (실물)

필순 : 愛 愛 愛 愛 愛 愛 愛 愛 愛 愛 愛 愛 愛

愛	부수 心 마음 심
사랑 애	

사랑 애에 **쓸 용**은 愛用이고요 (애용)
자기 나라를 사랑함 愛國입니다. (애국)

필순 : 夜 夜 夜 亠 夜 夜 夜 夜

夜	부수 夕 저녁 석
밤 야	

밤 야에 **다닐 행**은 夜行이고요 (야행)
해가 져서 뜰 때까지 夜間입니다. (야간)

▶ 한자의 훈 음을 쓰고, 필순에 맞게 한자를 따라 쓰세요.

神	부수 示	神	神	神	
귀신 신				귀신 신	귀신 신
新	부수 斤	新	新	新	
새 신				새 신	새 신
失	부수 大	失	失	失	
잃을 실				잃을 실	잃을 실
愛	부수 心	愛	愛	愛	
사랑 애				사랑 애	사랑 애
夜	부수 夕	夜	夜	夜	
밤 야				밤 야	밤 야

▶ 다음 한자어를 쓰고, 낱말의 뜻을 쓰세요.

(1) 신동 (   ) :

(2) 신생 (   ) :

(3) 실물 (   ) :

(4) 애국 (   ) :

(5) 야간 (   ) :

※ 오늘 배운 글자를 선생님께 「읽기점검」 한다 ⇨ 240자

禮	路	綠	利	李
理	明	目	聞	米
美	朴	反	半	班
發	放	番	別	病
服	本	部	分	死
使	社	書	石	席
線	雪	成	省	消
速	孫	樹	術	習
勝	始	式	身	信
神	新	失	愛	夜

▶ 다음 한자의 훈과 음에 맞는 한자를 쓰세요.

예도 례	길 로	푸를 록	이할 리	오얏 리
다스릴 리	밝을 명	눈 목	들을 문	쌀 미
아름다울 미	성 박	돌이킬 반	반 반	나눌 반
필 발	놓을 방	차례 번	다를 별	병 병
옷 복	근본 본	떼 부	나눌 분	죽을 사
부릴 사	모일 사	글 서	돌 석	자리 석
줄 선	눈 설	이룰 성	살필 성	사라질 소
빠를 속	손자 손	나무 수	재주 술	익힐 습
이길 승	비로소 시	법 식	몸 신	믿을 신
귀신 신	새 신	잃을 실	사랑 애	밤 야

夜	間	愛	國	失	物	新	生
神	童	自	信	身	分	正	式
始	動	勝	戰	夜	行	愛	用
失	手	新	人	神	通	信	用
自	身	新	式	始	作	勝	利

▶ 다음 독음에 맞는 한자어를 쓰세요.

야	간	애	국	실	물	신	생
신	동	자	신	신	분	정	식
시	동	승	전	야	행	애	용
실	수	신	인	신	통	신	용
자	신	신	식	시	작	승	리

❶ 다음 漢字語한자어의 讀音독음을 쓰세요.

> <보기>　一月 → (일월)

1) 夜間 (　　　)　　　2) 愛國 (　　　)

3) 失物 (　　　)　　　4) 新生 (　　　)

5) 神童 (　　　)　　　6) 自信 (　　　)

7) 身分 (　　　)　　　8) 正式 (　　　)

9) 始動 (　　　)　　　10) 勝戰 (　　　)

11) 夜行 (　　　)　　　12) 愛用 (　　　)

13) 失手 (　　　)　　　14) 新人 (　　　)

15) 神通 (　　　)　　　16) 信用 (　　　)

17) 自身 (　　　)　　　18) 新式 (　　　)

19) 始作 (　　　)　　　20) 勝利 (　　　)

❷ 다음 漢字한자의 訓(훈:뜻)과 音(음:소리)을 쓰세요.

<보기> 十 → (열   십)

21) 始 (   )   22) 身 (   )

23) 神 (   )   24) 失 (   )

25) 夜 (   )   26) 勝 (   )

27) 式 (   )   28) 信 (   )

29) 新 (   )   30) 愛 (   )

❸ 다음 밑줄 친 漢字語를 漢字로 쓰세요.

31) 우리 팀이 <u>승리</u>하였다. ·························· (   )

32) 공사가 새로 <u>시작</u>되었다. ························ (   )

33) <u>신식</u> 결혼식을 올렸다. ························· (   )

34) <u>신분</u>에 맞는 옷차림을 하다. ·················· (   )

35) 사람은 <u>신용</u>을 지켜야 한다. ·················· (   )

36) 천자문을 다 외우는 <u>신동</u>이었다. ··············· (   )

37) <u>신인</u> 가수로 선발 되었다. ···················· (   )

38) 선배에게 큰 <u>실수</u>를 하다. ···················· (   )

39) <u>애국가</u>를 불렀다. ···························· (   )

40) 직장에서 <u>야간</u>작업을 하다. ·················· (   )

❹ 다음 漢字의 反對字(반대자) 또는 相對字(상대자)를 골라 번호를 쓰세요.

41) 問 (　　　) ① 答　② 門　③ 手　④ 人

42) 左 (　　　) ① 神　② 分　③ 始　④ 右

❺ 다음 (　　　)안에 들어갈 漢字를 보기에서 찾아 그 번호를 쓰세요.

<보기>
① 生　② 三　③ 敎　④ 室　⑤ 問　⑥ 先

43) 一日(　　)秋 : 하루가 삼년 같다는 뜻

44) 自(　　)自答 : 스스로 묻고 스스로 대답함

❻ 다음 漢字와 뜻이 비슷한 漢字를 골라 그 번호를 쓰세요.

45) 根 (　　　) : ① 信　② 失　③ 本　④ 野

46) 樹 (　　　) : ① 勝　② 木　③ 身　④ 始

❼ 다음에서 소리는 같으나 뜻이 다른 漢字를 골라 그 번호를 쓰세요.

47) 神 (　　　) : ① 新　② 術　③ 成　④ 速

48) 式 (　　　) : ① 孫　② 樹　③ 植　④ 消

49) 失 (　　　) : ① 社　② 石　③ 線　④ 室

8 다음 漢字語의 뜻을 쓰세요.

50) 失物 :

51) 神童 :

9 다음 漢字의 ㉠획은 몇 번째 쓰는지 <보기>에서 찾아 그 번호를 쓰세요.

<보기>

① 첫 번째　② 두 번째　③ 세 번째
④ 네 번째　⑤ 다섯 번째　⑥ 여섯 번째
⑦ 일곱 번째　⑧ 여덟 번째　⑨ 아홉 번째
⑩ 열 번째　⑪ 열한 번째　⑫ 열두 번째

52) 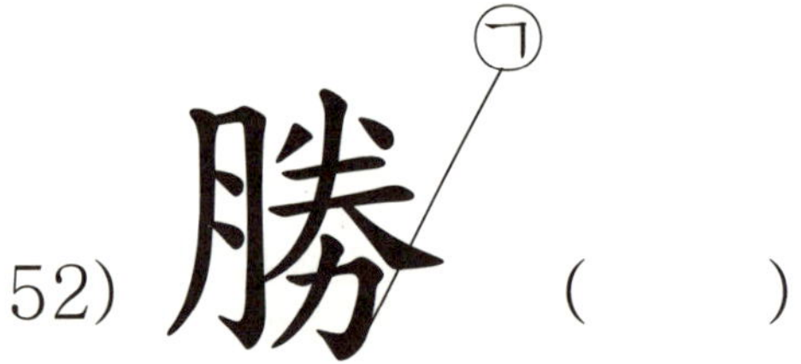 (　　)

53)  (　　)

6급(9) 예상문제 정답

1	야간	19	시작	37	新人
2	애국	20	승리	38	失手
3	실물	21	비로소 시	39	愛國歌
4	신생	22	몸 신	40	夜間
5	신동	23	귀신 신	41	①
6	자신	24	잃을 실	42	④
7	신분	25	밤 야	43	②
8	정식	26	이길 승	44	⑤
9	시동	27	법 식	45	③
10	승전	28	믿을 신	46	②
11	야행	29	새 신	47	①
12	애용	30	사랑 애	48	③
13	실수	31	勝利	49	④
14	신인	32	始作	50	잃어버린 물건
15	신통	33	新式	51	재주와 슬기가 썩 뛰어난 아이
16	신용	34	身分	52	⑪
17	자신	35	信用	53	⑥
18	신식	36	神童		

▶ 다음 본문을 읽고, 필순에 맞게 한자를 쓰세요.

필순 : 野 野 野 野 野 野 野 野 野 野 野

野	부수 里 마을 리
들 야	

들 야에 날 생은 野生이고요
_{야생}
집 밖의 들판 野外입니다.
_{야외}

필순 : 弱 弱 弱 弱 弱 弱 弱 弱 弱 弱

弱	부수 弓 활 궁
약할 약	

약할 약에 작을 소는 弱小이고요
_{약소}
권력이나 세력 등이 없는 사람 弱者입니다.
_{약자}

藥 藥 藥 藥 藥 藥 藥 藥 藥 藥 藥 藥 藥 藥 藥 藥 藥 藥 藥

藥	부수 艸 (⺿) 풀 초
약 약	

약 약에 물 수는 藥水이고요
_{약수}
약으로 쓰이는 풀 藥草입니다.
_{약초}

필순 : 洋 洋 洋 洋 洋 洋 洋 洋 洋

洋	부수 水 (氵) 물 수
큰바다 양	

바다 해에 큰바다 양은 海洋이고요
_{해양}
동쪽 아시아 일대 東洋입니다.
_{동양}

필순 : 陽 陽 陽 陽 陽 陽 陽 陽 陽 陽 陽 陽

陽	부수 阜 (阝) 언덕 부
볕 양	

볕 양에 따 지는 陽地이고요
_{양지}
해질 무렵 夕陽입니다.
_{석양}

▶ 한자의 훈 음을 쓰고, 필순에 맞게 한자를 따라 쓰세요.

野	부수 里	野	野	野		
들 야					들 야	들 야
弱	부수 弓	弱	弱	弱		
약할 약					약할 약	약할 약
藥	부수 艸	藥	藥	藥		
약 약					약 약	약 약
洋	부수 水	洋	洋	洋		
큰바다 양					큰바다 양	큰바다 양
陽	부수 阜	陽	陽	陽		
볕 양					볕 양	볕 양

▶ 다음 한자어를 쓰고, 낱말의 뜻을 쓰세요.

(1) 야외 (   ) :

(2) 약자 (   ) :

(3) 약초 (   ) :

(4) 동양 (   ) :

(5) 석양 (   ) :

※ 오늘 배운 글자를 선생님께 「읽기점검」 한다 ▷ 245자

▶ 다음 본문을 읽고, 필순에 맞게 한자를 쓰세요.

필순 : 言 言 言 言 言 言 言

言	부수 言
말씀 언	말씀 언

말씀 언에 **다닐 행**은 言行이고요
언행
의견을 말함 發言입니다.
발언

필순 : 業 業 業 業 業 業 業 業 業 業 業 業 業

業	부수 木
업 업	나무 목

장인 공에 **업 업**은 工業이고요
공업
농사를 짓는 직업 農業입니다.
농업

필순 : 永 永 永 永 永

永	부수 水(氵)
길 영	물 수

길 영에 **멀 원**은 永遠이고요
영원
한곳에서 오래 삶 永住입니다.
영주

필순 : 英 英 英 英 英 英 英 英 英

英	부수 艸(艹)
꽃부리 영	풀 초

꽃부리 영에 **재주 재**는 英才이고요
영재
여러 나라에서 사용하는 국제어 英語입니다.
영어

필순 : 溫 溫 溫 溫 溫 溫 溫 溫 溫 溫 溫 溫 溫

溫	부수 水(氵)
따뜻할 온	물 수

따뜻할 온에 **집 실**은 溫室이고요
온실
덥고 찬 정도 溫度입니다.
온도

▶ 한자의 훈 음을 쓰고, 필순에 맞게 한자를 따라 쓰세요.

言	부수	言	言	言		
말씀 언					말씀 언	말씀 언
業	부수 木	業	業	業		
업 업					업 업	업 업
永	부수 水	永	永	永		
길 영					길 영	길 영
英	부수 艸	英	英	英		
꽃부리 영					꽃부리 영	꽃부리 영
溫	부수 水	溫	溫	溫		
따뜻할 온					따뜻할 온	따뜻할 온

▶ 다음 한자어를 쓰고, 낱말의 뜻을 쓰세요.

(1) 발언 (   ):

(2) 농업 (   ):

(3) 영주 (   ):

(4) 영어 (   ):

(5) 온도 (   ):

※ 오늘 배운 글자를 선생님께 「읽기점검」 한다 ▷ 250자

美	朴	反	半	班
發	放	番	別	病
服	本	部	分	死
使	社	書	石	席
線	雪	成	省	消
速	孫	樹	術	習
勝	始	式	身	信
神	新	失	愛	夜
野	弱	藥	洋	陽
言	業	永	英	溫

아름다울 미	성 박	돌이킬 반	반 반	나눌 반
필 발	놓을 방	차례 번	나를 별	병 병
옷 복	근본 본	때 부	나눌 분	죽을 사
부릴 사	모일 사	글 서	돌 석	자리 석
줄 선	눈 설	이룰 성	살필 성	사라질 소
빠를 속	손자 손	나무 수	재주 술	익힐 습
이길 승	비로소 시	법 식	몸 신	믿을 신
귀신 신	새 신	잃을 실	사랑 애	밤 야
들 야	약할 약	약 약	큰바다 양	볕 양
말씀 언	업 업	길 영	꽃부리 영	따뜻할 온

▶ 다음 한자어의 독음을 쓰고, 한자어를 따라 쓰세요.

溫	度	英	語	永	住	農	業
發	言	夕	陽	東	洋	藥	草
弱	者	野	外	溫	室	英	才
永	遠	工	業	言	行	陽	地
海	洋	藥	水	弱	小	野	生

▶ 다음 독음에 맞는 한자어를 쓰세요.

온	도	영	어	영	주	농	업
발	언	석	양	동	양	약	초
약	자	야	외	온	실	영	재
영	원	공	업	언	행	양	지
해	양	약	수	약	소	야	생

❶ 다음 漢字語한자어의 讀音독음을 쓰세요.

> <보기> 一月 → (일월)

1) 溫度 (   )   2) 英語 (   )

3) 永住 (   )   4) 農業 (   )

5) 發言 (   )   6) 夕陽 (   )

7) 東洋 (   )   8) 藥草 (   )

9) 弱者 (   )   10) 野外 (   )

11) 溫室 (   )   12) 英才 (   )

13) 永遠 (   )   14) 工業 (   )

15) 言行 (   )   16) 陽地 (   )

17) 海洋 (   )   18) 藥水 (   )

19) 弱小 (   )   20) 野生 (   )

❷ 다음 漢字한자의 訓(훈:뜻)과 音(음:소리)을 쓰세요.

<보기>　十 → (열　십)

21) 野 (　　　　)　　22) 藥 (　　　　)

23) 陽 (　　　　)　　24) 業 (　　　　)

25) 英 (　　　　)　　26) 弱 (　　　　)

27) 洋 (　　　　)　　28) 言 (　　　　)

29) 永 (　　　　)　　30) 溫 (　　　　)

❸ 다음 밑줄 친 漢字語를 漢字로 쓰세요.

31) 개는 원래 <u>야생</u>동물 이었다. ……………………(　　　　)

32) 힘이 없는 <u>약자</u>의 편에서 변호하였다. ………(　　　　)

33) 산에서 <u>약초</u>를 구해왔다. …………………………(　　　　)

34) <u>동양</u> 사람은 황색인종이다. ……………………(　　　　)

35) <u>양지</u>쪽은 겨울에도 따뜻하다. …………………(　　　　)

36) 사람은 <u>언행</u>이 일치해야 한다. …………………(　　　　)

37) <u>농업</u>으로 생계를 유지하고 있다. ……………(　　　　)

38) 이 세상에 <u>영원</u>한 것은 없다. ……………………(　　　　)

39) <u>영어</u>와 더불어 한자도 알아야 한다. …………(　　　　)

40) 실내 <u>온도</u>를 알맞게 조절하다. …………………(　　　　)

④ 다음 漢字의 反對字(반대자) 또는 相對字(상대자)를 골라 번호를 쓰세요.

41) 死 (　　　) ① 後　② 藥　③ 野　④ 活

42) 男 (　　　) ① 父　② 南　③ 女　④ 子

⑤ 다음 (　　　)안에 들어갈 漢字를 보기에서 찾아 그 번호를 쓰세요.

<보기>
① 西　② 心　③ 南　④ 敎　⑤ 東　⑥ 生

43) 自(　　　)植物 : 산이나 들에서 저절로 나는 식물

44) 全(　　　)全力 : 온 마음과 온 힘

⑥ 다음 漢字와 뜻이 비슷한 漢字를 골라 그 번호를 쓰세요.

45) 言 (　　　) : ① 使　② 語　③ 書　④ 線

46) 海 (　　　) : ① 服　② 分　③ 本　④ 洋

⑦ 다음에서 소리는 같으나 뜻이 다른 漢字를 골라 그 번호를 쓰세요.

47) 永 (　　　) : ① 英　② 問　③ 牛　④ 弱

48) 陽 (　　　) : ① 米　② 地　③ 洋　④ 別

49) 野 (　　　) : ① 反　② 夜　③ 山　④ 病

❽ 다음 漢字語의 뜻을 쓰세요.

50) 永住 :

51) 夕陽 :

❾ 다음 漢字의 ㉠획은 몇 번째 쓰는지 <보기>에서 찾아 그 번호를 쓰세요.

<보기>

① 첫 번째　　② 두 번째　　③ 세 번째

④ 네 번째　　⑤ 다섯 번째　　⑥ 여섯 번째

⑦ 일곱 번째　　⑧ 여덟 번째　　⑨ 아홉 번째

⑩ 열 번째　　⑪ 열한 번째　　⑫ 열두 번째

52) 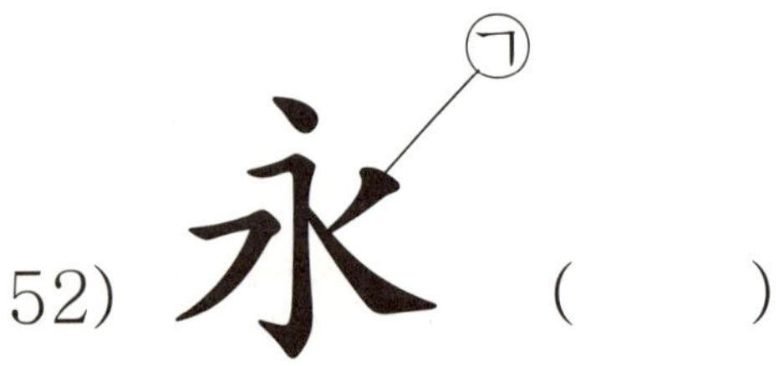　（　　）

53) 　（　　）

6급(10) 예상문제 정답

1	온도	19	약소	37	農業
2	영어	20	야생	38	永遠
3	영주	21	들 야	39	英語
4	농업	22	약 약	40	溫度
5	발언	23	볕 양	41	④
6	석양	24	업 업	42	③
7	동양	25	꽃부리 영	43	⑥
8	약초	26	약할 약	44	②
9	약자	27	큰바다 양	45	②
10	야외	28	말씀 언	46	④
11	온실	29	길 영	47	①
12	영재	30	따뜻할 온	48	③
13	영원	31	野生	49	②
14	공업	32	弱者	50	한곳에서 오래 삶
15	언행	33	藥草	51	해질 무렵
16	양지	34	東洋	52	④
17	해양	35	陽地	53	⑧
18	약수	36	言行		

필순 : 用 月 用 用 用

用 쓸 용	부수 用 쓸 용	**쓸 용**에 **말씀 어**는 用語이고요 용어 인재를 뽑아 씀 登用입니다. 등용

필순 : 勇 勇 勇 勇 勇 勇 勇 勇 勇

勇 날랠 용	부수 力 힘 력	**날랠 용**에 **놈 자**는 勇者이고요 용자 씩씩하고 굳센 기운 勇氣입니다. 용기

필순 : 運 運 運 運 運 運 運 軍 運 運 運 運

運 옮길 운	부수 辵(辶) 갈 착	**다행 행**에 **옮길 운**은 幸運이고요 행운 건강을 위하여 몸을 움직이는 일 運動입니다. 운동

필순 : 園 園 園 園 園 園 園 園 園 園 園 園 園

園 동산 원	부수 口 에워쌀 위	**꽃 화**에 **동산 원**은 花園이고요 화원 공중의 휴식을 위한 큰 정원 公園입니다. 공원

필순 : 遠 遠 遠 遠 遠 遠 遠 遠 遠 遠 遠 遠 遠

遠 멀 원	부수 辵(辶) 갈 착	**멀 원**에 **가까울 근**은 遠近이고요 원근 뜻 하는 바 깊고 큰 것 遠大입니다. 원대

用	부수	用	用	用		
쓸 용					쓸 용	쓸 용
勇	부수 力	勇	勇	勇		
날랠 용					날랠 용	날랠 용
運	부수 辶	運	運	運		
옮길 운					옮길 운	옮길 운
園	부수 囗	園	園	園		
동산 원					동산 원	동산 원
遠	부수 辶	遠	遠	遠		
멀 원					멀 원	멀 원

▶ 다음 한자어를 쓰고, 낱말의 뜻을 쓰세요.

(1) 등용 (   ):

(2) 용기 (   ):

(3) 운동 (   ):

(4) 공원 (   ):

(5) 원대 (   ):

※ 오늘 배운 글자를 선생님께 「읽기점검」 한다 ⇨ 255자

▶ 다음 본문을 읽고, 필순에 맞게 한자를 쓰세요.

필순 : 由 口 由 由 由

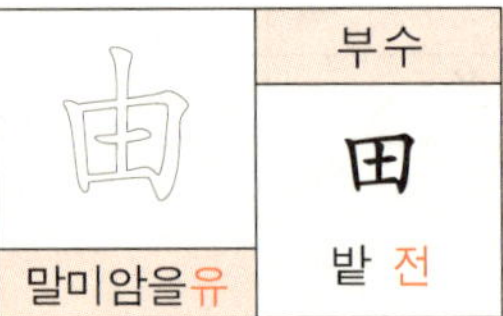

由	부수 田
말미암을 유	밭 전

말미암을 유에 올 래는 由來이고요
　　　　　　　　　　유래
마음대로 하는 것 自由입니다.
　　　　　　　　자유

필순 : 油 油 油 油 油 油 油 油

油	부수 水(氵)
기름 유	물 수

부을 주에 기름 유는 注油이고요
　　　　　　　　　주유
땅속에서 천연으로 나는 기름 石油입니다.
　　　　　　　　　　　　　석유

필순 : 銀 銀 銀 銀 釒 釒 金 金 釦 銀 釼 鈤 銀

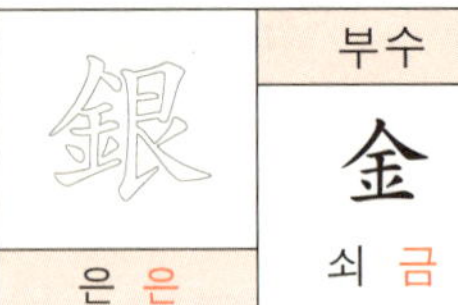

銀	부수 金
은 은	쇠 금

은 은에 다닐 행은 銀行이고요
　　　　　　　　은행
금과 은 金銀입니다.
　　　　금은

필순 : 音 音 音 音 音 音 音 音 音

音	부수 音
소리 음	소리 음

화할 화에 소리 음은 和音이고요
　　　　　　　　　화음
인간의 감정을 소리로 나타내는 예술 音樂입니다.
　　　　　　　　　　　　　　　　음악

필순 : 飮 飮 飮 飮 飮 飮 飮 飮 飮 飮 飮 飮 飮

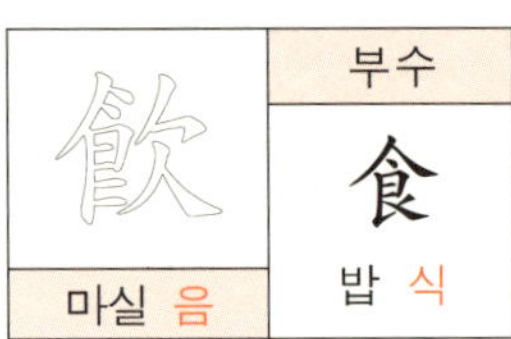

飮	부수 食
마실 음	밥 식

마실 음에 밥 식은 飮食이고요
　　　　　　　　　음식
밤에 마시는 술 夜飮입니다.
　　　　　　　　야음

由	부수 田	由	由	由		
말미암을 유					말미암을 유	말미암을 유
油	부수 水	油	油	油		
기름 유					기름 유	기름 유
銀	부수 金	銀	銀	銀		
은 은					은 은	은 은
音	부수 音	音	音	音		
소리 음					소리 음	소리 음
飮	부수 食	飮	飮	飮		
마실 음					마실 음	마실 음

▶ 다음 한자어를 쓰고, 낱말의 뜻을 쓰세요.

(1) 자유 (　　　):

(2) 석유 (　　　):

(3) 금은 (　　　):

(4) 음악 (　　　):

(5) 야음 (　　　):

※ 오늘 배운 글자를 선생님께 「읽기점검」 한다 ⇨ 260자

服	本	部	分	死
使	社	書	石	席
線	雪	成	省	消
速	孫	樹	術	習
勝	始	式	身	信
神	新	失	愛	夜
野	弱	藥	洋	陽
言	業	永	英	溫
用	勇	運	園	遠
由	油	銀	音	飮

옷 복	근본 본	때 부	나눌 분	죽을 사
부릴 사	모일 사	글 서	돌 석	자리 석
줄 선	눈 설	이룰 성	살필 성	사라질 소
빠를 속	손자 손	나무 수	재주 술	익힐 습
이길 승	비로소 시	법 식	몸 신	믿을 신
귀신 신	새 신	잃을 실	사랑 애	밤 야
들 야	약할 약	약 약	큰바다 양	볕 양
말씀 언	업 업	길 영	꽃부리 영	따뜻할 온
쓸 용	날랠 용	옮길 운	동산 원	멀 원
말미암을 유	기름 유	은 은	소리 음	마실 음

▶ 다음 한자어의 독음을 쓰고, 한자어를 따라 쓰세요.

夜	飮	音	樂	金	銀	石	油
自	由	遠	大	公	園	運	動
勇	氣	登	用	飮	食	和	音
銀	行	注	油	由	來	遠	近
花	園	幸	運	勇	者	用	語

▶ 다음 독음에 맞는 한자어를 쓰세요.

야	음	음	악	금	은	석	유
자	유	원	대	공	원	운	동
용	기	등	용	음	식	화	음
은	행	주	유	유	래	원	근
화	원	행	운	용	자	용	어

❶ 다음 漢字語한자어의 讀音독음을 쓰세요.

> <보기>　一月 → (일월)

1) 夜飮 (　　　) 2) 音樂 (　　　)

3) 金銀 (　　　) 4) 石油 (　　　)

5) 自由 (　　　) 6) 遠大 (　　　)

7) 公園 (　　　) 8) 運動 (　　　)

9) 勇氣 (　　　) 10) 登用 (　　　)

11) 飮食 (　　　) 12) 和音 (　　　)

13) 銀行 (　　　) 14) 注油 (　　　)

15) 由來 (　　　) 16) 遠近 (　　　)

17) 花園 (　　　) 18) 幸運 (　　　)

19) 勇者 (　　　) 20) 用語 (　　　)

❷ 다음 漢字한자의 訓(훈:뜻)과 音(음:소리)을 쓰세요.

<보기>　十 → (열　십)

21) 用 (　　　　) 　　22) 運 (　　　　)

23) 遠 (　　　　) 　　24) 油 (　　　　)

25) 音 (　　　　) 　　26) 勇 (　　　　)

27) 園 (　　　　) 　　28) 由 (　　　　)

29) 銀 (　　　　) 　　30) 飮 (　　　　)

❸ 다음 밑줄 친 漢字語를 漢字로 쓰세요.

31) 인재를 <u>등용</u>하다. ·· (　　　　)

32) 그는 <u>용기</u> 있는 사내였다. ························· (　　　　)

33) 매일 아침 <u>운동</u>을 하다. ························· (　　　　)

34) <u>공원</u>에서 휴식을 취했다. ····················· (　　　　)

35) <u>원대</u>한 꿈을 가져라. ····························· (　　　　)

36) <u>자유</u>를 구속하지 말라. ······················· (　　　　)

37) <u>석유</u>등을 밝히고 공부했다. ················· (　　　　)

38) <u>은행</u>에 저금을 하였다. ······················· (　　　　)

39) 그는 <u>음악</u>을 사랑했다. ······················· (　　　　)

40) <u>음식</u>을 가려먹지 말라. ······················· (　　　　)

❹ 다음 漢字의 反對字(반대자) 또는 相對字(상대자)를 골라 번호를 쓰세요.

41) 强 (　　　)　① 弱　② 發　③ 番　④ 半

42) 近 (　　　)　① 綠　② 理　③ 遠　④ 目

❺ 다음 (　　　)안에 들어갈 漢字를 보기에서 찾아 그 번호를 쓰세요.

<보기>
① 軍　② 物　③ 由　④ 靑　⑤ 銀　⑥ 衣

43) (　　　)天白日 : 푸른 하늘의 대낮

44) 草食動(　　　) : 풀을 먹고 사는 동물

❻ 다음 漢字와 뜻이 비슷한 漢字를 골라 그 번호를 쓰세요.

45) 別 (　　　) : ① 感　② 分　③ 開　④ 身

46) 急 (　　　) : ① 父　② 孫　③ 速　④ 母

❼ 다음에서 소리는 같으나 뜻이 다른 漢字를 골라 그 번호를 쓰세요.

47) 用 (　　　) : ① 運　② 油　③ 銀　④ 勇

48) 園 (　　　) : ① 發　② 遠　③ 近　④ 京

49) 由 (　　　) : ① 衣　② 番　③ 油　④ 病

❽ 다음 漢字語의 뜻을 쓰세요.

50) 自由 :

51) 登用 :

❾ 다음 漢字의 ㉠획은 몇 번째 쓰는지 <보기>에서 찾아 그 번호를 쓰세요.

<보기>

① 첫 번째   ② 두 번째   ③ 세 번째
④ 네 번째   ⑤ 다섯 번째   ⑥ 여섯 번째
⑦ 일곱 번째   ⑧ 여덟 번째   ⑨ 아홉 번째
⑩ 열 번째   ⑪ 열한 번째   ⑫ 열두 번째

52) 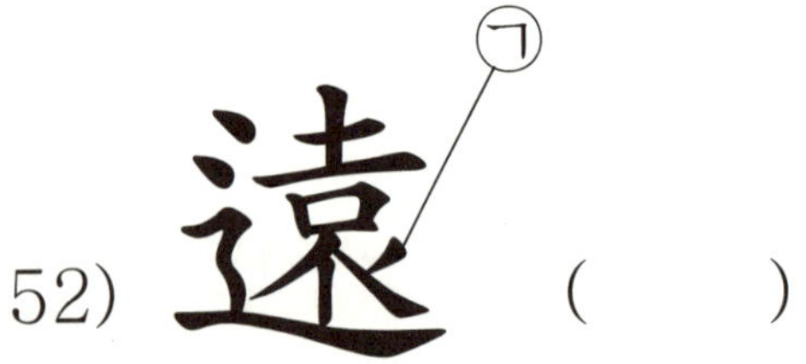 (   )

53)  (   )

6급(11) 예상문제 정답

1	야음	19	용자	37	石油
2	음악	20	용어	38	銀行
3	금은	21	쓸 용	39	音樂
4	석유	22	옮길 운	40	飮食
5	자유	23	멀 원	41	①
6	원대	24	기름 유	42	③
7	공원	25	소리 음	43	④
8	운동	26	날랠 용	44	②
9	용기	27	동산 원	45	②
10	등용	28	말미암을 유	46	③
11	음식	29	은 은	47	④
12	화음	30	마실 음	48	②
13	은행	31	登用	49	③
14	주유	32	勇氣	50	마음대로 하는 것
15	유래	33	運動	51	인재를 뽑아 씀
16	원근	34	公園	52	⑨
17	화원	35	遠大	53	⑤
18	행운	36	自由		

필순 : 衣 衣 衣 衣 衣 衣

衣 옷 의	부수 衣 옷 의

옷 의에 옷 복은 衣服이고요
의복
입을 것과 먹을 것 衣食입니다.
의식

필순 : 意 意 意 意 意 意 意 意 意 意 意 意 意

意 뜻 의	부수 心 마음 심

뜻 의에 향할 향은 意向이고요
의향
하고자 하는 마음속의 계획 意圖입니다.
의도

醫 醫 醫 醫 醫 醫 醫 醫 醫 醫 醫 醫 醫 醫 醫 醫 醫

醫 의원 의	부수 酉 술 유

나라 한에 의원 의는 韓醫이고요
한의
병을 고치는 기술 醫術입니다.
의술

필순 : 者 者 者 者 者 者 者 者 者

者 놈 자	부수 老(耂) 늙을 로

기록할 기에 놈 자는 記者이고요
기자
학문을 연구하는 사람 學者입니다.
학자

필순 : 作 作 作 作 作 作 作

作 지을 작	부수 人(亻) 사람 인

지을 작에 집 가는 作家이고요
작가
글을 짓는 것 作文입니다.
작문

▶ 한자의 훈 음을 쓰고, 필순에 맞게 한자를 따라 쓰세요.

衣	부수	衣	衣	衣		
옷 의					옷 의	옷 의
意	부수 心	意	意	意		
뜻 의					뜻 의	뜻 의
醫	부수 酉	醫	醫	醫		
의원 의					의원 의	의원 의
者	부수 老	者	者	者		
놈 자					놈 자	놈 자
作	부수 人	作	作	作		
지을 작					지을 작	지을 작

▶ 다음 한자어를 쓰고, 낱말의 뜻을 쓰세요.

(1) 의식 (   ):

(2) 의도 (   ):

(3) 의술 (   ):

(4) 학자 (   ):

(5) 작문 (   ):

※ 오늘 배운 글자를 선생님께 「읽기점검」 한다 ⇨ 265자

▶ 다음 본문을 읽고, 필순에 맞게 한자를 쓰세요.

필순 : ㅣ ㄲ 日 日 昨 昨 昨 昨 昨

昨	부수 日
어제 작	해 일

어제 작에 이제 금은 昨今이고요
작금
지난 해 昨年입니다.
작년

필순 : 音 音 章 章 音 音 音 音 音 音 章

章	부수 立
글 장	설 립

글월 문에 글 장은 文章이고요
문장
이름을 새겨 서류에 찍는 물건 圖章입니다.
도장

필순 : ㄱ 才 才

才	부수 手
재주 재	손 수

하늘 천에 재주 재는 天才이고요
천재
재주가 있는 기질 才氣입니다.
재기

필순 : 在 在 在 在 在 在

在	부수 土
있을 재	흙 토

나타날 현에 있을 재는 現在이고요
현재
서울에 있는 것 在京입니다.
재경

戰 戰 戰 戰 戰 戰 戰 戰 戰 戰 戰 戰 戰 戰 戰 戰

戰	부수 戈
싸움 전	창 과

싸움 전에 줄 선은 戰線이고요
전선
맞붙어 싸우는 것 交戰입니다.
교전

昨	부수 日	昨	昨	昨		
어제 작					어제 작	어제 작
章	부수 立	章	章	章		
글 장					글 장	글 장
才	부수 手	才	才	才		
재주 재					재주 재	재주 재
在	부수 土	在	在	在		
있을 재					있을 재	있을 재
戰	부수 戈	戰	戰	戰		
싸움 전					싸움 전	싸움 전

▶ 다음 한자어를 쓰고, 낱말의 뜻을 쓰세요.

(1) 작년 (   ):

(2) 도장 (   ):

(3) 재기 (   ):

(4) 재경 (   ):

(5) 교전 (   ):

※ 오늘 배운 글자를 선생님께 「읽기점검」 한다 ⇨ 270자

線	雪	成	省	消
速	孫	樹	術	習
勝	始	式	身	信
神	新	失	愛	夜
野	弱	藥	洋	陽
言	業	永	英	溫
用	勇	運	園	遠
由	油	銀	音	飮
衣	意	醫	者	作
昨	章	才	在	戰

줄 선	눈 설	이룰 성	살필 성	사라질 소
빠를 속	손자 손	나무 수	재주 술	익힐 습
이길 승	비로소 시	법 식	몸 신	믿을 신
귀신 신	새 신	잃을 실	사랑 애	밤 야
들 야	약할 약	약 약	큰바다 양	볕 양
말씀 언	업 업	길 영	꽃부리 영	따뜻할 온
쓸 용	날랠 용	옮길 운	동산 원	멀 원
말미암을 유	기름 유	은 은	소리 음	마실 음
옷 의	뜻 의	의원 의	놈 자	지을 작
어제 작	글 장	재주 재	있을 재	싸움 전

交	戰	在	京	才	氣	圖	章
昨	年	作	文	學	者	醫	術
意	圖	衣	食	戰	線	現	在
天	才	文	章	昨	今	作	家
記	者	韓	醫	意	向	衣	服

▶ 다음 독음에 맞는 한자어를 쓰세요.

교	전	재	경	재	기	도	장
작	년	작	문	학	자	의	술
의	도	의	식	전	선	현	재
천	재	문	장	작	금	작	가
기	자	한	의	의	향	의	복

❶ 다음 漢字語한자어의 讀音독음을 쓰세요.

<보기>　一月 → (일월)

1) 交戰 (   )　　2) 在京 (   )

3) 才氣 (   )　　4) 圖章 (   )

5) 昨年 (   )　　6) 作文 (   )

7) 學者 (   )　　8) 醫術 (   )

9) 意圖 (   )　　10) 衣食 (   )

11) 戰線 (   )　　12) 現在 (   )

13) 天才 (   )　　14) 文章 (   )

15) 昨今 (   )　　16) 作家 (   )

17) 記者 (   )　　18) 韓醫 (   )

19) 意向 (   )　　20) 衣服 (   )

2 다음 漢字한자의 訓(훈:뜻)과 音(음:소리)을 쓰세요.

> <보기>　十 → (열　십)

21) 衣 (　　　)　　22) 醫 (　　　)

23) 作 (　　　)　　24) 章 (　　　)

25) 在 (　　　)　　26) 意 (　　　)

27) 者 (　　　)　　28) 昨 (　　　)

29) 才 (　　　)　　30) 戰 (　　　)

3 다음 밑줄 친 漢字語를 漢字로 쓰세요.

31) 의복이 날개다. ……………………………………… (　　　)

32) 네 의향이 어떠한지? ………………………… (　　　)

33) 병을 고치는 의술이 발달하였다. …………… (　　　)

34) 저분은 의학을 전공한 학자다. ……………… (　　　)

35) 방송 작가로 등단했다. ……………………… (　　　)

36) 올해는 작년보다 풍작이다. ………………… (　　　)

37) 다음 문장을 읽고 답을 쓰시오. …………… (　　　)

38) 그는 타고난 천재 음악가였다. ……………… (　　　)

39) 현재 무슨 일을 하고 있는지? ……………… (　　　)

40) 치열한 교전이 벌어지고 있다. ……………… (　　　)

❹ 다음 漢字의 反對字(반대자) 또는 相對字(상대자)를 골라 번호를 쓰세요.

41) 昨 (   ) ① 衣   ② 作   ③ 在   ④ 今

42) 山 (   ) ① 陽   ② 海   ③ 業   ④ 溫

❺ 다음 (   )안에 들어갈 漢字를 보기에서 찾아 그 번호를 쓰세요.

<보기>
① 才   ② 一   ③ 者   ④ 苦   ⑤ 作   ⑥ 衣

43) 九死(   )生 : 아홉 번 죽을 고비를 넘기고 겨우 살아남

44) 同(   )同樂 : 함께 고생하고 함께 즐김

❻ 다음 漢字와 뜻이 비슷한 漢字를 골라 그 번호를 쓰세요.

45) 急 (   ) : ① 章   ② 速   ③ 戰   ④ 音

46) 術 (   ) : ① 家   ② 作   ③ 氣   ④ 才

❼ 다음에서 소리는 같으나 뜻이 다른 漢字를 골라 그 번호를 쓰세요.

47) 衣 (   ) : ① 意   ② 術   ③ 始   ④ 身

48) 者 (   ) : ① 飮   ② 字   ③ 醫   ④ 由

49) 才 (   ) : ① 遠   ② 銀   ③ 在   ④ 信

8 다음 漢字語의 뜻을 쓰세요.

50) 交戰 :

51) 作文 :

9 다음 漢字의 ㉠획은 몇 번째 쓰는지 <보기>에서 찾아
그 번호를 쓰세요.

<보기>

① 첫 번째   ② 두 번째   ③ 세 번째
④ 네 번째   ⑤ 다섯 번째   ⑥ 여섯 번째
⑦ 일곱 번째   ⑧ 여덟 번째   ⑨ 아홉 번째
⑩ 열 번째   ⑪ 열한 번째   ⑫ 열두 번째

52) 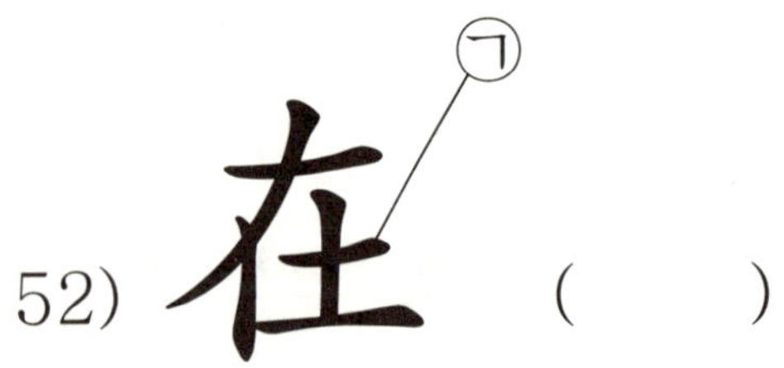 (   )

53)  (   )

6급(12) 예상문제 정답

1	교전	19	의향	37	文章
2	재경	20	의복	38	天才
3	재기	21	옷 의	39	現在
4	도장	22	의원 의	40	交戰
5	작년	23	지을 작	41	④
6	작문	24	글 장	42	②
7	학자	25	있을 재	43	②
8	의술	26	뜻 의	44	④
9	의도	27	놈 자	45	②
10	의식	28	어제 작	46	④
11	전선	29	재주 재	47	①
12	현재	30	싸움 전	48	②
13	천재	31	衣服	49	③
14	문장	32	意向	50	맞붙어 싸우는 것
15	작금	33	醫術	51	글을 짓는 것
16	작가	34	學者	52	④
17	기자	35	作家	53	⑤
18	한의	36	昨年		

▶ 다음 본문을 읽고, 필순에 맞게 한자를 쓰세요.

필순 : 定定定定宀宀定定

定	부수 宀 집 면
정할 정	

특별할 특에 정할 정은 特定이고요
일을 결정함 作定입니다.

필순 : 庭庭庭庭庐庐庭庭庭

庭	부수 广 집 엄
뜰 정	

집 가에 뜰 정은 家庭이고요
집 안의 넓은 뜰 庭園입니다.

필순 : 第第第第第第第第笁第第

第	부수 竹 대 죽
차례 제	

차례 제에 한 일은 第一이고요
차례의 두 번째 第二입니다.

필순 : 題題題題題題題題題題題題題題題題題題

題	부수 頁 머리 혈
제목 제	

제목 제에 눈 목은 題目이고요
중심이 되는 문제 主題입니다.

필순 : 朝朝朝古古古朝朝朝朝朝朝

朝	부수 月 달 월
아침 조	

아침 조에 저녁 석은 朝夕이고요
아주 짧은 시일 一朝一夕입니다.

定	부수 广	定	定	定		
정할 정					정할 정	정할 정
庭	부수 广	庭	庭	庭		
뜰 정					뜰 정	뜰 정
第	부수 竹	第	第	第		
차례 제					차례 제	차례 제
題	부수 頁	題	題	題		
제목 제					제목 제	제목 제
朝	부수 月	朝	朝	朝		
아침 조					아침 조	아침 조

▶ 다음 한자어를 쓰고, 낱말의 뜻을 쓰세요.

(1) 작정 (   ) :

(2) 정원 (   ) :

(3) 제이 (   ) :

(4) 주제 (   ) :

(5) 일조일석 (   ) :

※ 오늘 배운 글자를 선생님께 「읽기점검」 한다 ⇨ 275자

▶ 다음 본문을 읽고, 필순에 맞게 한자를 쓰세요.

필순 : 族 族 族 族 族 族 族 族 族 族 族

族	부수 方
겨레 족	모 방

집 가에 겨레 족은 家族이고요
가족
언어 풍습 등이 같은 백성의 무리 民族입니다.
민족

필순 : 注 注 注 注 注 注 注 注

注	부수 水(氵)
부을 주	물 수

부을 주에 뜻 의는 注意이고요
주의
쏟아 부어 넣는 것 注入입니다.
주입

필순 : 晝 晝 晝 晝 晝 晝 晝 晝 晝 晝 晝

晝	부수 日
낮 주	해 일

낮 주에 밤 야는 晝夜이고요
주야
낮 동안 晝間입니다.
주간

필순 : 集 集 集 集 集 集 集 集 集 集 集 集

集	부수 隹
모을 집	새 추

모을 집에 모일 회는 集會이고요
집회
한곳으로 모임 集中입니다.
집중

필순 : 窓 窓 窓 窓 窓 窓 窓 窓 窓 窓 窓

窓	부수 穴
창 창	구멍 혈

창 창에 문 문은 窓門이고요
창문
학교에서 함께 공부한 친구 同窓입니다.
동창

▶ 한자의 훈 음을 쓰고, 필순에 맞게 한자를 따라 쓰세요.

族	부수 方	族	族	族		
겨레 족					겨레 족	겨레 족
注	부수 水	注	注	注		
부을 주					부을 주	부을 주
晝	부수 日	晝	晝	晝		
낮 주					낮 주	낮 주
集	부수 隹	集	集	集		
모을 집					모을 집	모을 집
窓	부수 穴	窓	窓	窓		
창 창					창 창	창 창

▶ 다음 한자어를 쓰고, 낱말의 뜻을 쓰세요.

(1) 민족 (   ) :

(2) 주입 (   ) :

(3) 주간 (   ) :

(4) 집중 (   ) :

(5) 동창 (   ) :

※ 오늘 배운 글자를 선생님께 「읽기점검」 한다 ⇨ 280자

▶ 다음 한자의 훈과 음을 쓰고, 한자를 따라 쓰세요.

勝	始	式	身	信
神	新	失	愛	夜
野	弱	藥	洋	陽
言	業	永	英	溫
用	勇	運	園	遠
由	油	銀	音	飮
衣	意	醫	者	作
昨	章	才	在	戰
定	庭	第	題	朝
族	注	晝	集	窓

이길 승	비로소 시	법 식	몸 신	믿을 신
귀신 신	새 신	잃을 실	사랑 애	밤 야
들 야	약할 약	약 약	큰바다 양	볕 양
말씀 언	업 업	길 영	꽃부리 영	따뜻할 온
쓸 용	날낼 용	옮길 운	동산 원	멀 원
말미암을 유	기름 유	은 은	소리 음	마실 음
옷 의	뜻 의	의원 의	놈 자	지을 작
어제 작	글 장	재주 재	있을 재	싸움 전
정할 정	뜰 정	차례 제	제목 제	아침 조
겨레 족	부을 주	낮 주	모을 집	창 창

▶ 다음 한자어의 독음을 쓰고, 한자어를 따라 쓰세요.

同	窓	集	中	晝	間	注	入
民	族	一	朝	主	題	第	二
庭	園	作	定	窓	門	集	會
晝	夜	注	意	家	族	朝	夕
題	目	第	一	家	庭	特	定

▶ 다음 독음에 맞는 한자어를 쓰세요.

동	창	집	중	주	간	주	입
민	족	일	조	주	제	제	이
정	원	작	정	창	문	집	회
주	야	주	의	가	족	조	석
제	목	제	일	가	정	특	정

❶ 다음 漢字語한자어의 讀音독음을 쓰세요.

> <보기> 一月 → (일월)

1) 同窓 (   )   2) 集中 (   )

3) 晝間 (   )   4) 注入 (   )

5) 民族 (   )   6) 一朝 (   )

7) 主題 (   )   8) 第二 (   )

9) 庭園 (   )   10) 作定 (   )

11) 窓門 (   )   12) 集會 (   )

13) 晝夜 (   )   14) 注意 (   )

15) 家族 (   )   16) 朝夕 (   )

17) 題目 (   )   18) 第一 (   )

19) 家庭 (   )   20) 特定 (   )

❷ 다음 漢字한자의 訓(훈:뜻)과 音(음:소리)을 쓰세요.

<보기> 十 → (열   십)

21) 定 (   )   22) 第 (   )

23) 朝 (   )   24) 注 (   )

25) 集 (   )   26) 庭 (   )

27) 題 (   )   28) 族 (   )

29) 晝 (   )   30) 窓 (   )

❸ 다음 밑줄 친 漢字語를 漢字로 쓰세요.

31) 그 일을 하기로 작정했다. ······························ (   )

32) 우리집 정원에 꽃나무를 심었다. ··················· (   )

33) 제일 높은 봉우리에 올랐다. ························· (   )

34) 동화책의 제목이 무엇이냐? ························· (   )

35) 조석으로 날씨가 서늘하다. ························· (   )

36) 추석은 우리민족의 대 명절이다. ··················· (   )

37) 건강에 주의하라. ····································· (   )

38) 주야로 쉬지 않고 일하다. ························· (   )

39) 정신을 집중하라. ····································· (   )

40) 창문을 열다. ··· (   )

❹ 다음 漢字의 反對字(반대자) 또는 相對字(상대자)를 골라 번호를 쓰세요.

41) 晝 (　　　) ① 綠　② 朝　③ 夜　④ 夕

42) 朝 (　　　) ① 等　② 夕　③ 午　④ 日

❺ 다음 (　　　)안에 들어갈 漢字를 보기에서 찾아 그 번호를 쓰세요.

<보기>

① 中　② 功　③ 市　④ 語　⑤ 大　⑥ 明

43) 門前成(　　　) : 찾아오는 사람이 많아 문 앞이 시장을 이룸

44) 百年(　　　)計 : 백년을 내다보는 큰 계획

❻ 다음 漢字와 뜻이 비슷한 漢字를 골라 그 번호를 쓰세요.

45) 文 (　　　) : ① 長　② 晝　③ 學　④ 章

46) 衣 (　　　) : ① 韓　② 服　③ 同　④ 洋

❼ 다음에서 소리는 같으나 뜻이 다른 漢字를 골라 그 번호를 쓰세요.

47) 定 (　　　) : ① 運　② 庭　③ 由　④ 銀

48) 第 (　　　) : ① 音　② 業　③ 弟　④ 溫

49) 晝 (　　　) : ① 用　② 注　③ 夜　④ 午

8 다음 漢字語의 뜻을 쓰세요.

50) 集中 :

51) 庭園 :

9 다음 漢字의 ㉠획은 몇 번째 쓰는지 <보기>에서 찾아 그 번호를 쓰세요.

<보기>
① 첫 번째   ② 두 번째   ③ 세 번째
④ 네 번째   ⑤ 다섯 번째   ⑥ 여섯 번째
⑦ 일곱 번째   ⑧ 여덟 번째   ⑨ 아홉 번째
⑩ 열 번째   ⑪ 열한 번째   ⑫ 열두 번째

52) 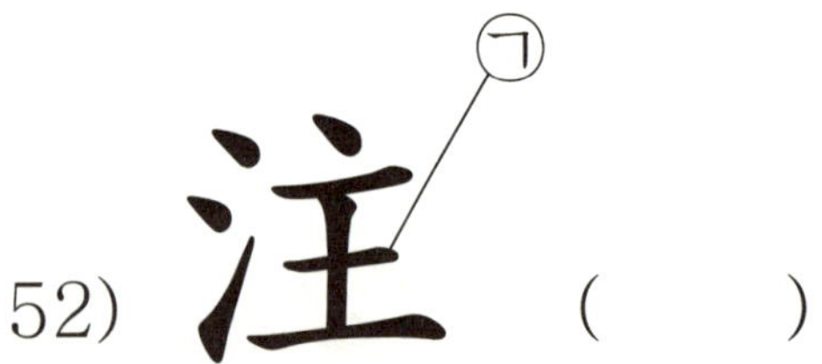 (   )

53)  (   )

6급(13) 예상문제 정답

번호	답	번호	답	번호	답
1	동창	19	가정	37	注意
2	집중	20	특정	38	晝夜
3	주간	21	정할 정	39	集中
4	주입	22	차례 제	40	窓門
5	민족	23	아침 조	41	③
6	일조	24	부을 주	42	②
7	주제	25	모을 집	43	③
8	제이	26	뜰 정	44	⑤
9	정원	27	제목 제	45	④
10	작정	28	겨레 족	46	②
11	창문	29	낮 주	47	②
12	집회	30	창 창	48	③
13	주야	31	作定	49	②
14	주의	32	庭園	50	한곳으로 모임
15	가족	33	第一	51	집안의 넓은 뜰
16	조석	34	題目	52	⑥
17	제목	35	朝夕	53	⑤
18	제일	36	民族		

▶ 다음 본문을 읽고, 필순에 맞게 한자를 쓰세요.

필순: 清 清 清 清 清 清 清 清 清 清 清

清	부수 水(氵) 물 수
맑을 청	

맑을 청에 물 수는 清水이고요
　　　　　　　　　　청수
깨끗이 셈 하는 것 清算입니다.
　　　　　　　　　청산

體 體 體 體 體 骨 骨 骨 骨 骨 骨 體 體 體 體 體 體 體 體 體 體 體 體

體	부수 骨 뼈 골
몸 체	

몸 체에 기를 육은 體育이고요
　　　　　　　　　체육
사람의 몸의 온도 體溫입니다.
　　　　　　　　체온

필순: 親 親 親 親 親 親 親 親 親 親 親 親 親 親 親 親

親	부수 見 볼 견
친할 친	

친할 친에 사귈 교는 親交이고요
　　　　　　　　　친교
친하고 사랑함 親愛입니다.
　　　　　　친애

필순: 太 太 太 太

太	부수 大 큰 대
클 태	

클 태에 볕 양은 太陽이고요
　　　　　　　태양
아주 먼 옛날 太古입니다.
　　　　　태고

필순: 通 通 通 通 甬 甬 通 通 通 通 通

通	부수 辵(辶) 갈 착
통할 통	

통할 통에 길 로는 通路이고요
　　　　　　　통로
전화로 주고받는 말 通話입니다.
　　　　　　　　　통화

▶ 한자의 훈 음을 쓰고, 필순에 맞게 한자를 따라 쓰세요.

清	부수 水	清	清	清		
맑을 청					맑을 청	맑을 청
體	부수 骨	體	體	體		
몸 체					몸 체	몸 체
親	부수 見	親	親	親		
친할 친					친할 친	친할 친
太	부수 大	太	太	太		
클 태					클 태	클 태
通	부수 辵	通	通	通		
통할 통					통할 통	통할 통

▶ 다음 한자어를 쓰고, 낱말의 뜻을 쓰세요.

(1) 청산 (   ) :

(2) 체온 (   ) :

(3) 친애 (   ) :

(4) 태고 (   ) :

(5) 통화 (   ) :

※ 오늘 배운 글자를 선생님께 「읽기점검」 한다 ⇨ 285자

▶ 다음 본문을 읽고, 필순에 맞게 한자를 쓰세요.

필순 : 特 特 特 特 特 特 特 特 特 特

	부수
特	牛(牜)
특별할 특	소 우

특별할 특에 **다를 별**은 特別이고요
눈에 띄게 다른 점 特色입니다.

필순 : 表 表 表 表 表 表 表 表

	부수
表	衣
겉 표	옷 의

겉 표에 **나타날 현**은 表現이고요
겉으로 드러난 면 表面입니다.

필순 : 風 風 風 風 風 風 風 風 風

	부수
風	風
바람 풍	바람 풍

바람 풍에 **익힐 습**은 風習이고요
강에서 부는 바람 江風입니다.

필순 : 合 合 合 合 合 合

	부수
合	口
합할 합	입 구

합할 합에 **뜻 의**는 合意이고요
둘 이상이 함께 하는 것 合同입니다.

필순 : 行 行 行 行 行 行

	부수
行	行
다닐 행	다닐 행

다닐 행에 **움직일 동**은 行動이고요
길을 가는 사람 行人입니다.

特	부수 牛	特	特	特		
특별할 특					특별할 특	특별할 특
表	부수 衣	表	表	表		
겉 표					겉 표	겉 표
風	부수 風	風	風	風		
바람 풍					바람 풍	바람 풍
合	부수 口	合	合	合		
합할 합					합할 합	합할 합
行	부수 行	行	行	行		
다닐 행					다닐 행	다닐 행

▶ 다음 한자어를 쓰고, 낱말의 뜻을 쓰세요.

(1) 특색 (   ):

(2) 표면 (   ):

(3) 강풍 (   ):

(4) 합동 (   ):

(5) 행인 (   ):

※ 오늘 배운 글자를 선생님께 「읽기점검」 한다 ⇨ 290자

野	弱	藥	洋	陽
言	業	永	英	溫
用	勇	運	園	遠
由	油	銀	音	飮
衣	意	醫	者	作
昨	章	才	在	戰
定	庭	第	題	朝
族	注	晝	集	窓
清	體	親	太	通
特	表	風	合	行

▶ 다음 한자의 훈과 음에 맞는 한자를 쓰세요.

들 야	약할 약	약 약	큰바다 양	볕 양
말씀 언	업 업	길 영	꽃부리 영	따뜻할 온
쓸 용	날랠 용	옮길 운	동산 원	멀 원
말미암을 유	기름 유	은 은	소리 음	마실 음
옷 의	뜻 의	의원 의	놈 자	지을 작
어제 작	글 장	재주 재	있을 재	싸움 전
정할 정	뜰 정	차례 제	제목 제	아침 조
겨레 족	부을 주	낮 주	모을 집	창 창
맑을 청	몸 체	친할 친	클 태	통할 통
특별할 특	겉 표	바람 풍	합할 합	다닐 행

行	人	合	同	江	風	表	面
特	色	通	話	太	古	親	愛
體	溫	淸	算	行	動	合	意
風	習	表	現	特	別	通	路
太	陽	親	交	體	育	淸	水

▶ 다음 독음에 맞는 한자어를 쓰세요.

행	인	합	동	강	풍	표	면
특	색	통	화	태	고	친	애
체	온	청	산	행	동	합	의
풍	습	표	현	특	별	통	로
태	양	친	교	체	육	청	수

❶ 다음 漢字語한자어의 讀音독음을 쓰세요.

> <보기> 一月 → (일월)

1) 行人 (   )   2) 合同 (   )

3) 江風 (   )   4) 表面 (   )

5) 特色 (   )   6) 通話 (   )

7) 太古 (   )   8) 親愛 (   )

9) 體溫 (   )   10) 淸算 (   )

11) 行動 (   )   12) 合意 (   )

13) 風習 (   )   14) 表現 (   )

15) 特別 (   )   16) 通路 (   )

17) 太陽 (   )   18) 親交 (   )

19) 體育 (   )   20) 淸水 (   )

❷ 다음 漢字한자의 訓(훈:뜻)과 音(음:소리)을 쓰세요.

<보기> 十 → (열   십)

21) 淸 (   )   22) 親 (   )

23) 通 (   )   24) 表 (   )

25) 合 (   )   26) 太 (   )

27) 特 (   )   28) 風 (   )

29) 行 (   )   30) 體 (   )

❸ 다음 밑줄 친 漢字語를 漢字로 쓰세요.

31) 맑은 물을 <u>청수</u>라 한다. ·································· (   )

32) <u>체육</u>시간에 달리기를 했다. ······················ (   )

33) 친하게 사귐을 <u>친교</u>라 한다. ····················· (   )

34) 전화로 <u>통화</u>를 하다. ································· (   )

35) <u>특별</u>한 대우를 받았다. ····························· (   )

36) 생각하고 있는 점을 말로 <u>표현</u>하다. ··········· (   )

37) 풍속과 습관을 <u>풍습</u>이라 한다. ················· (   )

38) 아주 먼 옛날을 <u>태고</u>라 한다. ··················· (   )

39) 전교생이 <u>합동</u>으로 대청소를 하였다. ········· (   )

40) 그의 <u>행동</u>을 주시하라. ··························· (   )

④ 다음 漢字의 反對字(반대자) 또는 相對字(상대자)를 골라 번호를 쓰세요.

41) 各 (　　　) ① 本　② 使　③ 合　④ 席

42) 內 (　　　) ① 分　② 外　③ 社　④ 雪

⑤ 다음 (　　　)안에 들어갈 漢字를 보기에서 찾아 그 번호를 쓰세요.

<보기>
① 中　② 大　③ 發　④ 火　⑤ 水　⑥ 上

43) 百(　　　)百中 : 백번 쏘아 백번 맞힘

44) 山戰(　　　)戰 : 산에서도 싸워보고 물에서도 싸워봄

⑥ 다음 漢字와 뜻이 비슷한 漢字를 골라 그 번호를 쓰세요.

45) 身 (　　　) : ① 心　② 體　③ 禮　④ 分

46) 學 (　　　) : ① 敎　② 本　③ 習　④ 書

⑦ 다음에서 소리는 같으나 뜻이 다른 漢字를 골라 그 번호를 쓰세요.

47) 淸 (　　　) : ① 族　② 白　③ 明　④ 靑

48) 定 (　　　) : ① 第　② 正　③ 等　④ 家

49) 晝 (　　　) : ① 主　② 朝　③ 夜　④ 午

❽ 다음 漢字語의 뜻을 쓰세요.

50) 行人 :

51) 合同 :

❾ 다음 漢字의 ㉠획은 몇 번째 쓰는지 <보기>에서 찾아 그 번호를 쓰세요.

<table>
<tr><td colspan="3" align="center"><보기></td></tr>
<tr><td>① 첫 번째</td><td>② 두 번째</td><td>③ 세 번째</td></tr>
<tr><td>④ 네 번째</td><td>⑤ 다섯 번째</td><td>⑥ 여섯 번째</td></tr>
<tr><td>⑦ 일곱 번째</td><td>⑧ 여덟 번째</td><td>⑨ 아홉 번째</td></tr>
<tr><td>⑩ 열 번째</td><td>⑪ 열한 번째</td><td>⑫ 열두 번째</td></tr>
</table>

52) 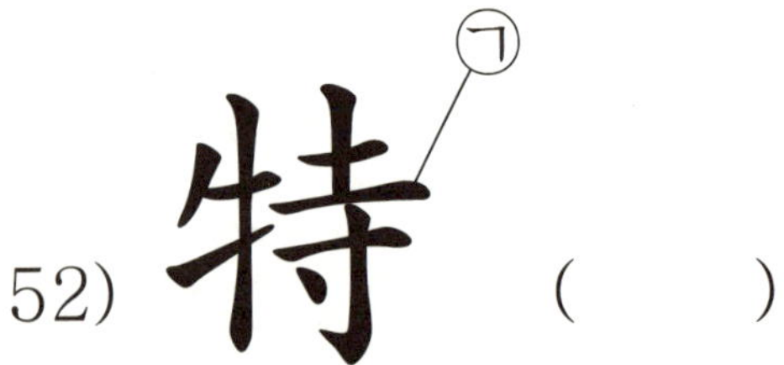 (   )

53)  (   )

6급(14) 예상문제 정답

1	행인	19	체육	37	風習
2	합동	20	청수	38	太古
3	강풍	21	맑을 청	39	合同
4	표면	22	친할 친	40	行動
5	특색	23	통할 통	41	③
6	통화	24	겉 표	42	②
7	태고	25	합할 합	43	③
8	친애	26	클 태	44	⑤
9	체온	27	특별할 특	45	②
10	청산	28	바람 풍	46	③
11	행동	29	다닐 행	47	④
12	합의	30	몸 체	48	②
13	풍습	31	清水	49	①
14	표현	32	體育	50	길을 가는 사람
15	특별	33	親交	51	둘 이상이 함께 하는 것
16	통로	34	通話	52	⑦
17	태양	35	特別	53	⑦
18	친교	36	表現		

▶ 다음 본문을 읽고, 필순에 맞게 한자를 쓰세요.

필순 : 幸 幸 幸 幸 幸 幸 幸 幸

幸	부수 干 방패 간	**많을 다**에 **다행 행**은 多幸이고요 다행 복이 되는 좋은 운수 幸運입니다. 행운
다행 행		

필순 : 向 向 向 向 向 向

向	부수 口 입 구	**향할 향**에 **윗 상**은 向上이고요 향상 배움의 길로 향하는 것 向學입니다. 향학
향할 향		

필순 : 現 現 現 現 現 現 現 現 現 現 現

現	부수 玉 구슬 옥	**나타날 현**에 **쇠 금**은 現金이고요 현금 오늘날의 시대 現代입니다. 현대
나타날 현		

필순 : 形 形 形 形 形 形 形

形	부수 彡 무늬 삼	**모양 형**에 **몸 체**는 形體이고요 형체 일정한 절차나 양식 形式입니다. 형식
모양 형		

필순 : 號 號 號 號 号 号 號 號 號 號 號 號 號

號	부수 虍 범무늬 호	**믿을 신**에 **이름 호**는 信號이고요 신호 차례를 적은 숫자 番號입니다. 번호
이름 호		

▶ 한자의 훈 음을 쓰고, 필순에 맞게 한자를 따라 쓰세요.

幸	부수	千	幸	幸	幸		
다행 행						다행 행	다행 행
向	부수 口	向	向	向			
향할 향						향할 향	향할 향
現	부수 玉	現	現	現			
나타날 현						나타날 현	나타날 현
形	부수 彡	形	形	形			
모양 형						모양 형	모양 형
號	부수 虍	號	號	號			
이름 호						이름 호	이름 호

▶ 다음 한자어를 쓰고, 낱말의 뜻을 쓰세요.

(1) 행운 (   ):

(2) 향학 (   ):

(3) 현대 (   ):

(4) 형식 (   ):

(5) 번호 (   ):

※ 오늘 배운 글자를 선생님께 「읽기점검」 한다 ⇨ 295자

▶ 다음 본문을 읽고, 필순에 맞게 한자를 쓰세요.

필순 : 和 和 和 和 和 和 和 和

和	부수 口
화할 화	입 구

따뜻할 온에 **화할 화**는 溫和이고요
전쟁 없이 평온한 것 平和입니다.

필순 : 畫 畫 畫 畫 畫 畫 畫 畫 畫 畫 畫 畫

畫	부수 田
그림 화	밭 전

그림 화에 **집 가**는 畫家이고요
유명한 그림 名畫입니다.

필순 : 黃 黃 黃 黃 黃 黃 黃 黃 黃 黃 黃 黃

黃	부수 黃
누를 황	누를 황

누를 황에 **흙 토**는 黃土이고요
돈과 재물 黃金입니다.

필순 : 會 會 會 會 會 會 會 會 會 會 會 會

會	부수 日
모일 회	말할 왈

모일 회에 **셀 계**는 會計이고요
같은 목적으로 모이는 것 會同입니다.

필순 : 訓 訓 訓 訓 訓 訓 訓 訓 訓 訓

訓	부수 言
가르칠 훈	말씀 언

집 가에 **가르칠 훈**은 家訓이고요
회사의 방침 社訓입니다.

▶ 한자의 훈 음을 쓰고, 필순에 맞게 한자를 따라 쓰세요.

和	부수 口	和	和	和		
화할 **화**					화할 **화**	화할 **화**
畫	부수 田	畫	畫	畫		
그림 **화**					그림 **화**	그림 **화**
黃	부수 黃	黃	黃	黃		
누를 **황**					누를 **황**	누를 **황**
會	부수 曰	會	會	會		
모일 **회**					모일 **회**	모일 **회**
訓	부수 言	訓	訓	訓		
가르칠 **훈**					가르칠 **훈**	가르칠 **훈**

▶ 다음 한자어를 쓰고, 낱말의 뜻을 쓰세요.

(1) 평화 (　　　　):

(2) 명화 (　　　　):

(3) 황금 (　　　　):

(4) 회동 (　　　　):

(5) 사훈 (　　　　):

※ 오늘 배운 글자를 선생님께 「읽기점검」 한다 ⇨ 300자

用	勇	運	園	遠
由	油	銀	音	飮
衣	意	醫	者	作
昨	章	才	在	戰
定	庭	第	題	朝
族	注	晝	集	窓
淸	體	親	太	通
特	表	風	合	行
幸	向	現	形	號
和	畵	黃	會	訓

▶ 다음 한자의 훈과 음에 맞는 한자를 쓰세요.

쓸 용	날랠 용	옮길 운	동산 원	멀 원
말미암을 유	기름 유	은 은	소리 음	마실 음
옷 의	뜻 의	의원 의	놈 자	지을 작
어제 작	글 장	재주 재	있을 재	싸움 전
정할 정	뜰 정	차례 제	제목 제	아침 조
겨레 족	부을 주	낮 주	모을 집	창 창
맑을 청	몸 체	친할 친	클 태	통할 통
특별할 특	겉 표	바람 풍	합할 합	다닐 행
다행 행	향할 향	나타날 현	모양 형	이름 호
화할 화	그림 화	누를 황	모일 회	가르칠 훈

▶ 다음 한자어의 독음을 쓰고, 한자어를 따라 쓰세요.

社	訓	會	同	黃	金	名	畵
平	和	番	號	形	式	現	代
向	學	幸	運	家	訓	會	計
黃	土	畵	家	溫	和	信	號
形	體	現	金	向	上	多	幸

▶ 다음 독음에 맞는 한자어를 쓰세요.

사	훈	회	동	황	금	명	화
평	화	번	호	형	식	현	대
향	학	행	운	가	훈	회	계
황	토	화	가	온	화	신	호
형	체	현	금	향	상	다	행

❶ 다음 漢字語한자어의 讀音독음을 쓰세요.

> <보기> 行人 → (행인)

1) 社訓 (   )   2) 會同 (   )

3) 黃金 (   )   4) 名畫 (   )

5) 平和 (   )   6) 番號 (   )

7) 形式 (   )   8) 現代 (   )

9) 向學 (   )   10) 幸運 (   )

11) 家訓 (   )   12) 會計 (   )

13) 黃土 (   )   14) 畫家 (   )

15) 溫和 (   )   16) 信號 (   )

17) 形體 (   )   18) 現金 (   )

19) 向上 (   )   20) 多幸 (   )

❷ 다음 漢字한자의 訓(훈:뜻)과 音(음:소리)을 쓰세요.

> <보기>　清 → (맑을 청)

21) 幸 (　　　　)　　22) 現 (　　　　)

23) 號 (　　　　)　　24) 晝 (　　　　)

25) 會 (　　　　)　　26) 向 (　　　　)

27) 形 (　　　　)　　28) 和 (　　　　)

29) 黃 (　　　　)　　30) 訓 (　　　　)

❸ 다음 밑줄 친 漢字語를 漢字로 쓰세요.

31) 그에게도 <u>행운</u>이 오다. ……………………… (　　　　)

32) 실력이 <u>향상</u>되다. ……………………………… (　　　　)

33) 물건 값을 <u>현금</u>으로 지급하다. ……………… (　　　　)

34) <u>형식</u>보다는 내용이 중요하다. ……………… (　　　　)

35) <u>번호</u>표 순번대로 입장했다. ………………… (　　　　)

36) 전쟁 없는 <u>평화</u>를 바라다. …………………… (　　　　)

37) 유명한 그림을 <u>명화</u>라고 한다. ……………… (　　　　)

38) <u>황금</u>에 욕심을 부리다 해를 당하다. ………… (　　　　)

39) 얼마나 이익이 남았는지 <u>회계</u>를 하다. ……… (　　　　)

40) 우리 집 <u>가훈</u>은 '정직'이다. ………………… (　　　　)

④ 다음 漢字의 反對字(반대자) 또는 相對字(상대자)를 골라 번호를 쓰세요.

41) 戰 (　　　) ① 平　② 和　③ 山　④ 水

42) 訓 (　　　) ① 校　② 計　③ 學　④ 敎

⑤ 다음 (　　　)안에 들어갈 漢字를 보기에서 찾아 그 번호를 쓰세요.

<보기>

① 中　② 死　③ 發　④ 千　⑤ 水　⑥ 上

43) 生(　　　)苦樂 : 삶과 죽음, 괴로움과 즐거움

44) 不遠(　　　)里 : 천리 길도 멀다 여기지 아니함

⑥ 다음 漢字와 뜻이 비슷한 漢字를 골라 그 번호를 쓰세요.

45) 社 (　　　) : ① 訓　② 會　③ 區　④ 和

46) 畫 (　　　) : ① 圖　② 根　③ 知　④ 級

⑦ 다음에서 소리는 같으나 뜻이 다른 漢字를 골라 그 번호를 쓰세요.

47) 行 (　　　) : ① 消　② 幸　③ 速　④ 急

48) 形 (　　　) : ① 習　② 式　③ 始　④ 兄

49) 和 (　　　) : ① 愛　② 夜　③ 畫　④ 式

❽ 다음 漢字語의 뜻을 쓰세요.

50) 向學 :

51) 平和 :

❾ 다음 漢字의 ㉠획은 몇 번째 쓰는지 <보기>에서 찾아 그 번호를 쓰세요.

<보기>

① 첫 번째　　② 두 번째　　③ 세 번째
④ 네 번째　　⑤ 다섯 번째　　⑥ 여섯 번째
⑦ 일곱 번째　　⑧ 여덟 번째　　⑨ 아홉 번째
⑩ 열 번째　　⑪ 열한 번째　　⑫ 열두 번째

52) 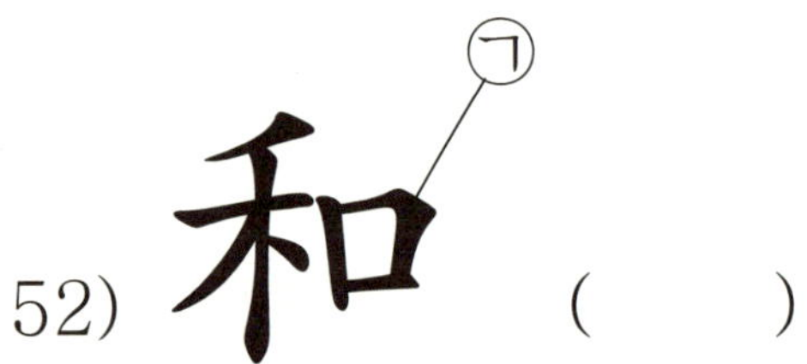　（　　）

53) 　（　　）

6급(15) 예상문제 정답

1	사훈	19	향상	37	名畵
2	회동	20	다행	38	黃金
3	황금	21	다행 행	39	會計
4	명화	22	나타날 현	40	家訓
5	평화	23	이름 호	41	②
6	번호	24	그림 화	42	③
7	형식	25	모일 회	43	②
8	현대	26	향할 향	44	④
9	향학	27	모양 형	45	②
10	행운	28	화할 화	46	①
11	가훈	29	누를 황	47	②
12	회계	30	가르칠 훈	48	④
13	황토	31	幸運	49	③
14	화가	32	向上	50	배움의 길로 향하는 것
15	온화	33	現金	51	전쟁 없이 평온한 것
16	신호	34	形式	52	⑦
17	형체	35	番號	53	⑥
18	현금	36	平和		

四字小學

勿立門中 하고
말 물・설 립・문 문・가운데 중
문 가운데 서지 말고

勿坐房中 하라
말 물・앉을 좌・방 방・가운데 중
방 가운데 앉지 말라

行勿慢步 하고
다닐 행・말 물・거만할 만・걸음 보
다닐 때에는 걸음을 거만하게 걷지 말고

坐勿倚身 하라
앉을 좌・말 물・기댈 의・몸 신
앉을 때에는 몸을 기대지 말라

口勿雜談 하고
입 구・말 물・섞일 잡・말씀 담
입으로는 잡담을 하지 말고

手勿雜戲 하라
손 수・말 물・섞일 잡・놀이 희
손으로는 잡된 장난을 하지 말라

侍坐父母 어든
모실 시・앉을 좌・아비 부・어미 모
부모님을 모시고 앉거든

勿踞勿臥 하라
말 물・걸터앉을 거・말 물・누울 와
걸터앉지 말고 눕지 말라

若得味果 어든
만약 약・얻을 득・맛 미・실과 과
만약 맛있는 과실을 얻거든

歸獻父母 하라
돌아갈 귀・드릴 헌・아비 부・어미 모
돌아가 부모님께 드려라

父母無衣 어든
아비 부・어미 모・없을 무・옷 의
부모님이 옷이 없으시거든

勿思我衣 하라
말 물・생각 사・나 아・옷 의
내 옷을 생각하지 말라

6급(1) 기출·예상문제 시험시간: 50분 / 출제문항수: 90개 / 합격점: 63개

1 다음 漢字語한자어의 讀音을 쓰세요.

<보기>	漢字 → 한자

(1) 工場 (　　　) 　(2) 交通 (　　　) 　(3) 家門 (　　　)

(4) 地區 (　　　) 　(5) 光線 (　　　) 　(6) 農事 (　　　)

(7) 世界 (　　　) 　(8) 野球 (　　　) 　(9) 庭園 (　　　)

(10) 公式 (　　　) 　(11) 民族 (　　　) 　(12) 面目 (　　　)

(13) 集合 (　　　) 　(14) 重病 (　　　) 　(15) 特別 (　　　)

(16) 理由 (　　　) 　(17) 運命 (　　　) 　(18) 直角 (　　　)

(19) 衣服 (　　　) 　(20) 分班 (　　　) 　(21) 始作 (　　　)

(22) 東窓 (　　　) 　(23) 太陽 (　　　) 　(24) 高空 (　　　)

(25) 石油 (　　　) 　(26) 注入 (　　　) 　(27) 每番 (　　　)

(28) 信號 (　　　) 　(29) 神主 (　　　) 　(30) 自然 (　　　)

(31) 業苦 (　　　) 　(32) 靑果 (　　　) 　(33) 失手 (　　　)

2 다음 漢字의 訓과 音을 쓰세요.

<보기>	字 → 글자 자

(34) 放 (　　　) 　(35) 代 (　　　) 　(36) 習 (　　　)

(37) 半 (　　　) 　(38) 用 (　　　) 　(39) 利 (　　　)

(40) 本 (　　　) 　(41) 愛 (　　　) 　(42) 開 (　　　)

(43) 根 (　　　) 　(44) 路 (　　　) 　(45) 使 (　　　)

(46) 江 (　　　) 　(47) 頭 (　　　) 　(48) 醫 (　　　)

(49) 感 (　　　) 　(50) 科 (　　　) 　(51) 禮 (　　　)

(52) 等 (　　　) 　(53) 間 (　　　) 　(54) 勝 (　　　)

(55) 待 (　　　) 　(56) 者 (　　　)

(57) <u>동물</u>원에 가서 사자를 보았다. ……………………… (   )

(58) <u>오색</u>이 찬란하게 빛난다. …………………………… (   )

(59) <u>성명</u>은 한자로 쓰자. ……………………………… (   )

(60) <u>주소</u>를 알고 집을 찾는다. ………………………… (   )

(61) <u>정오</u>에 북이 울린다. ……………………………… (   )

(62) 늙어서 <u>편안</u>하게 산다. ………………………… (   )

(63) <u>수학</u> 공부가 어려웠다. ………………………… (   )

(64) 10시에 <u>외출</u>하였다. ……………………………… (   )

(65) <u>조상</u>의 은덕을 입었다. ………………………… (   )

(66) <u>백만</u> 명의 청중이 모였다. ……………………… (   )

(67) <u>식후</u> 30분에 약을 먹었다. ……………………… (   )

(68) <u>인심</u>을 잡아야 성공한다. ……………………… (   )

(69) <u>화초</u>가 아름답게 피었다. ……………………… (   )

(70) <u>해군</u>의 힘이 아주 강하다. ……………………… (   )

(71) <u>읍내</u>에 백화점이 생겼다. ……………………… (   )

(72) 그 도시의 <u>시장</u>으로 선출되었다. ……………… (   )

(73) <u>대기</u> 오염이 심각하다. ………………………… (   )

(74) <u>식목</u>일에 나무를 심었다. ……………………… (   )

(75) 독감으로 <u>휴교</u>한 일도 있다. …………………… (   )

(76) 그는 <u>선천</u>적으로 그림을 잘 그렸다. …………… (   )

4 다음 漢字의 反對字 또는 相對字상대자를 골라 번호를 쓰세요.

(77) 古 (   ) : ① 反   ② 新   ③ 方   ④ 成

(78) 死 (   ) : ① 京   ② 童   ③ 生   ④ 立

⑤ 다음 (　　)에 들어갈 漢字를 <보기>에서 찾아 그 번호를 쓰세요.

<보기>
① 今　　② 年　　③ 少　　④ 口

(79) (　　)月日時

(80) 多(　　)不計

⑥ 다음 漢字와 뜻이 비슷한 漢字를 골라 그 번호를 쓰세요.

(81) 圖 (　　) : ① 章　　② 畵　　③ 登　　④ 父

(82) 話 (　　) : ① 記　　② 端　　③ 書　　④ 言

⑦ 다음에서 소리는 같으나 뜻이 다른 漢字를 골라 그 번호를
쓰세요.

(83) 部 (　　) : ① 夫　　② 北　　③ 白　　④ 山

(84) 美 (　　) : ① 十　　② 永　　③ 有　　④ 米

(86) 弱 (　　) : ① 育　　② 藥　　③ 電　　④ 親

⑧ 다음 漢字語의 뜻을 풀이하세요.

<보기> 登山 : 산에 오름

(86) 昨夜 :

(87) 淸明 :

⑨ 다음 ㉠획은 몇 번째 쓰는지 아래에서 찾아 그 번호를 쓰세요.

① 첫 번째　　② 두 번째　　③ 세 번째　　④ 네 번째

⑤ 다섯 번째　　⑥ 여섯 번째　　⑦ 일곱 번째　　⑧ 여덟 번째

⑨ 아홉 번째　　⑩ 열 번째　　⑪ 열한 번째　　⑫ 열두 번째

(88) 親 (　　)　　(89) 畵 (　　)　　(90) 雪 (　　)

6급(1) 기출·예상문제 정답

1	공장	24	고공	47	머리 두	70	海軍
2	교통	25	석유	48	의원 의	71	邑內
3	가문	26	주입	49	느낄 감	72	市長
4	지구	27	매번	50	과목 과	73	大氣
5	광선	28	신호	51	예도 례	74	植木
6	농사	29	신주	52	무리 등	75	休校
7	세계	30	자연	53	사이 간	76	先天
8	야구	31	업고	54	이길 승	77	② 新
9	정원	32	청과	55	기다릴 대	78	③ 生
10	공식	33	실수	56	놈 자	79	② 年
11	민족	34	놓을 방	57	動物	80	③ 少
12	면목	35	대신할 대	58	五色	81	② 晝
13	집합	36	익힐 습	59	姓名	82	④ 言
14	중병	37	반 반	60	住所	83	① 夫
15	특별	38	쓸 용	61	正午	84	④ 米
16	이유	39	이할 리	62	便安	85	② 藥
17	운명	40	근본 본	63	數學	86	어젯밤
18	직각	41	사랑 애	64	外出	87	(날씨가)맑고 밝음
19	의복	42	열 개	65	祖上	88	⑪
20	분반	43	뿌리 근	66	百萬	89	⑥
21	시작	44	길 로	67	食後	90	⑩
22	동창	45	부릴 사 하여금 사	68	人心		
23	태양	46	강 강	69	花草		

1 다음 漢字語한자어의 讀音을 쓰세요.

<보기>   漢字 → 한자

(1) 頭角 (   )   (2) 球速 (   )   (3) 意外 (   )
(4) 少女 (   )   (5) 現場 (   )   (6) 米飮 (   )
(7) 天命 (   )   (8) 圖表 (   )   (9) 社交 (   )
(10) 歌手 (   )   (11) 北風 (   )   (12) 道路 (   )
(13) 消失 (   )   (14) 共有 (   )   (15) 午前 (   )
(16) 樂園 (   )   (17) 溫氣 (   )   (18) 出席 (   )
(19) 自然 (   )   (20) 醫學 (   )   (21) 感電 (   )
(22) 古代 (   )   (23) 林野 (   )   (24) 禮服 (   )
(25) 和色 (   )   (26) 神童 (   )   (27) 區別 (   )
(28) 成事 (   )   (29) 話術 (   )   (30) 夜光 (   )
(31) 科目 (   )   (32) 根本 (   )   (33) 開發 (   )

2 다음 漢字의 訓과 音을 쓰세요.

<보기>   字 → 글자 자

(34) 始 (   )   (35) 夫 (   )   (36) 愛 (   )
(37) 夏 (   )   (38) 所 (   )   (39) 男 (   )
(40) 急 (   )   (41) 放 (   )   (42) 京 (   )
(43) 計 (   )   (44) 明 (   )   (45) 美 (   )
(46) 九 (   )   (47) 近 (   )   (48) 東 (   )
(49) 理 (   )   (50) 待 (   )   (51) 短 (   )
(52) 農 (   )   (53) 强 (   )   (54) 苦 (   )
(55) 分 (   )   (56) 感 (   )

3 다음 밑줄 친 漢字語를 漢字로 쓰세요.

(57) <u>정문</u>으로 들어갔다 후문으로 나오다. ························ (   )

(58) 나는 육군보다 <u>해군</u>에 입대하고 싶다. ···················· (   )

(59) 건설 현장에서는 벌써 <u>토목</u> 공사를 시작하였다. ······ (   )

(60) 그는 <u>시장</u> 선거에 출마할 예정이다. ························ (   )

(61) 우리는 곧 <u>중대</u> 결정을 내려야 한다. ······················ (   )

(62) 지금하신 대답은 과연 <u>명답</u>이다. ···························· (   )

(63) 그분은 <u>노년</u>이신데도 청년 같아 보인다. ·················· (   )

(64) 이 풍경화는 내가 살던 <u>산촌</u>을 그린 것이다. ············ (   )

(65) 그들은 다급한 상황에 <u>직면</u>하였다. ························ (   )

(66) 봄이 되어 <u>강남</u> 갔던 제비가 돌아왔다. ·················· (   )

(67) 한국인의 <u>주식</u>은 쌀이다. ···································· (   )

(68) 오늘은 봄의 시작을 알리는 <u>입춘</u>이다. ···················· (   )

(69) 그의 취미는 <u>화초</u> 가꾸기이다. ······························ (   )

(70) 추석은 음력 <u>팔월</u>에 있다. ·································· (   )

(71) 우리 마을에는 부모를 잘 모시는 <u>효자</u>가 많다. ········ (   )

(72) 올해 달력을 보니 <u>휴일</u>이 적다. ···························· (   )

(73) 요즘 인구는 감소하지만 <u>가구</u> 수는 늘고 있다. ········ (   )

(74) 기분에 <u>좌우</u>되어 일을 처리해서는 안 된다. ············ (   )

(75) 우리가 쉴 수 있는 휴식 <u>공간</u>이 바로 여기다. ·········· (   )

(76) 여기가 우리집안 <u>선조</u>를 모신 사당이다. ················ (   )

4 다음 漢字의 反對字 또는 相對字상대자를 골라 번호를 쓰세요.

(77) 心 (   ) : ① 習   ② 號   ③ 弟   ④ 體

(78) 夕 (   ) : ① 朝   ② 地   ③ 每   ④ 形

5 다음 (   )에 들어갈 漢字를 <보기>에서 찾아 그 번호를 쓰세요.

<보기>
① 等   ② 多   ③ 族   ④ 育

(79) 千萬(   )幸

(80) 全人教(   )

6 다음 漢字와 뜻이 비슷한 漢字를 골라 그 번호를 쓰세요.

(81) 番 (   ) : ① 來   ② 後   ③ 第   ④ 藥

(82) 室 (   ) : ① 特   ② 堂   ③ 冬   ④ 姓

7 다음에서 소리는 같으나 뜻이 다른 漢字를 골라 그 번호를 쓰세요.

(83) 陽 (   ) : ① 向   ② 遠   ③ 洋   ④ 黃

(84) 記 (   ) : ① 旗   ② 度   ③ 利   ④ 油

(85) 反 (   ) : ① 育   ② 藥   ③ 班   ④ 親

8 다음 漢字語의 뜻을 풀이하세요.

<보기> 登山 : 산에 오름

(86) 白雪 :

(87) 植樹 :

9 다음 ㉠획은 몇 번째 쓰는지 아래에서 찾아 그 번호를 쓰세요.

① 첫 번째   ② 두 번째   ③ 세 번째   ④ 네 번째
⑤ 다섯 번째   ⑥ 여섯 번째   ⑦ 일곱 번째   ⑧ 여덟 번째
⑨ 아홉 번째   ⑩ 열 번째   ⑪ 열한 번째   ⑫ 열두 번째

(88) 數 (   )   (89) 算 (   )   (90) 農 (   )

6급(2) 기출·예상문제 정답

1	두각	24	예복	47	가까울 근	70	八月
2	구속	25	화색	48	동녘 동	71	孝子
3	의외	26	신동	49	다스릴 리	72	休日
4	소녀	27	구별	50	기다릴 대	73	家口
5	현장	28	성사	51	짧을 단	74	左右
6	미음	29	화술	52	농사 농	75	空間
7	천명	30	야광	53	강할 강	76	先祖
8	도표	31	과목	54	쓸 고	77	④ 體
9	사교	32	근본	55	나눌 분	78	① 朝
10	가수	33	개발	56	느낄 감	79	② 多
11	북풍	34	비로소 시	57	正門	80	④ 育
12	도로	35	지아비 부	58	海軍	81	③ 第
13	소실	36	사랑 애	59	土木	82	② 堂
14	공유	37	여름 하	60	市長	83	③ 洋
15	오전	38	바 소	61	重大	84	① 旗
16	낙원	39	사내 남	62	名答	85	③ 班
17	온기	40	급할 급	63	老年	86	흰 눈
18	출석	41	놓을 방	64	山村	87	나무를 심음
19	자연	42	서울 경	65	直面	88	⑧
20	의학	43	셀 계	66	江南	89	⑫
21	감전	44	밝을 명	67	主食	90	⑧
22	고대	45	아름다울 미	68	立春		
23	임야	46	아홉 구	69	花草		

1 다음 漢字語_{한자어}의 讀音을 쓰세요.

<보기>   漢字 → 한자

(1) 時間 (   )   (2) 地球 (   )   (3) 圖書 (   )

(4) 上京 (   )   (5) 光線 (   )   (6) 成果 (   )

(7) 近代 (   )   (8) 農事 (   )   (9) 工科 (   )

(10) 感動 (   )   (11) 高等 (   )   (12) 根本 (   )

(13) 童話 (   )   (14) 區分 (   )   (15) 正答 (   )

(16) 頭目 (   )   (17) 強度 (   )   (18) 道理 (   )

(19) 計算 (   )   (20) 來世 (   )   (21) 利用 (   )

(22) 老弱 (   )   (23) 開發 (   )   (24) 白米 (   )

(25) 禮物 (   )   (26) 生命 (   )   (27) 孝女 (   )

(28) 放火 (   )   (29) 美軍 (   )   (30) 方言 (   )

(31) 所聞 (   )   (32) 綠色 (   )   (33) 後孫 (   )

2 다음 漢字의 訓과 音을 쓰세요.

<보기>   字 → 글자 자

(34) 堂 (   )   (35) 待 (   )   (36) 短 (   )

(37) 路 (   )   (38) 李 (   )   (39) 例 (   )

(40) 別 (   )   (41) 苦 (   )   (42) 席 (   )

(43) 角 (   )   (44) 服 (   )   (45) 術 (   )

(46) 神 (   )   (47) 由 (   )   (48) 陽 (   )

(49) 作 (   )   (50) 洋 (   )   (51) 始 (   )

(52) 意 (   )   (53) 特 (   )   (54) 注 (   )

(55) 親 (   )   (56) 勝 (   )

3 다음 밑줄 친 漢字語를 漢字로 쓰세요.

(57) <u>매일</u> 도서관에 간다. ······································· (   )

(58) 많은 <u>시민</u>들이 운동장에 모였다. ·························· (   )

(59) 그는 <u>수족</u>이 차고 얼굴이 창백하다. ···················· (   )

(60) <u>식목</u>일에 나무를 심는다. ······························· (   )

(61) <u>식전</u>에 냉수를 한 컵 마신다. ························· (   )

(62) <u>오월</u> 오일은 어린이 날이다. ··························· (   )

(63) <u>청년</u>들은 모두 전쟁터로 갔다. ························· (   )

(64) 많은 <u>백성</u>들이 그를 존경하였다. ······················ (   )

(65) 우리는 적들을 <u>이중</u>으로 포위하였다. ·················· (   )

(66) 많은 <u>인부</u>들이 공사장에서 일한다. ···················· (   )

(67) <u>출입</u>할 때는 신분증을 제시했다. ······················ (   )

(68) 감동적인 <u>장면</u>이 나오자 박수를 쳤다. ················· (   )

(69) <u>왕실</u>에서 뛰어난 선비들이 많이 나왔다. ··············· (   )

(70) <u>자연</u> 속에서 좋은 하루를 보냈다. ······················ (   )

(71) <u>유명</u>한 시인들의 작품을 보았다. ······················· (   )

(72) 그는 <u>선천</u>적으로 아름다운 음성을 가졌다. ············ (   )

(73) <u>강촌</u>에 살면서 물고기를 잡았다. ······················ (   )

(74) 인간은 <u>직립</u>하는 동물이다. ···························· (   )

(75) 마당에 예쁜 <u>화초</u>들이 피었다. ························· (   )

(76) 일 년 <u>교육</u>을 받고 공장에서 일하고 있다. ············ (   )

4 다음 漢字의 反對字 또는 相對字상대자를 골라 번호를 쓰세요.

    (77) 多 (   ) : ① 少　② 小　③ 半　④ 番

    (78) 冬 (   ) : ① 登　② 夏　③ 車　④ 運

5 다음 (   )에 들어갈 漢字를 <보기>에서 찾아 그 번호를 쓰세요.

> <보기>
> ① 主　② 夜　③ 男　④ 今

(79) 東西古(　　　)

(80) 晝(　　　)長川

6 다음 漢字와 뜻이 비슷한 漢字를 골라 그 번호를 쓰세요.

(81) 洞 (　　　) : ① 寸　② 里　③ 住　④ 和

(82) 體 (　　　) : ① 兄　② 藥　③ 戰　④ 身

7 다음에서 소리는 같으나 뜻이 다른 漢字를 골라 그 번호를
쓰세요.

(83) 公 (　　　) : ① 功　② 交　③ 九　④ 郡

(84) 氣 (　　　) : ① 急　② 空　③ 記　④ 死

(85) 英 (　　　) : ① 才　② 永　③ 午　④ 中

8 다음 漢字語의 뜻을 풀이하세요.

> <보기> 登山 : 산에 오름

(86) 樹林 :

(87) 海風 :

9 다음 ㉠획은 몇 번째 쓰는지 아래에서 찾아 그 번호를 쓰세요.

① 첫 번째　　② 두 번째　　③ 세 번째　　④ 네 번째
⑤ 다섯 번째　⑥ 여섯 번째　⑦ 일곱 번째　⑧ 여덟 번째
⑨ 아홉 번째　⑩ 열 번째　　⑪ 열한 번째　⑫ 열두 번째

(88) 校 (　) 　(89) 族 (　) 　(90) 集 (　)

6급(3) 기출·예상문제 정답

1	시간	24	백미	47	말미암을 유	70	自然
2	지구	25	예물	48	볕 양	71	有名
3	도서	26	생명	49	지을 작	72	先天
4	상경	27	효녀	50	큰바다 양	73	江村
5	광선	28	방화	51	비로소 시	74	直立
6	성과	29	미군	52	뜻 의	75	花草
7	근대	30	방언	53	특별할 특	76	敎育
8	농사	31	소문	54	부을 주	77	① 少
9	공과	32	녹색	55	친할 친	78	② 夏
10	감동	33	후손	56	이길 승	79	④ 今
11	고등	34	집 당	57	每日	80	② 夜
12	근본	35	기다릴 대	58	市民	81	② 里
13	동화	36	짧을 단	59	手足	82	④ 身
14	구분	37	길 로	60	植木	83	① 功
15	정답	38	오얏/성 리	61	食前	84	③ 記
16	두목	39	법식 례	62	五月	85	② 永
17	강도	40	다를/나눌 별	63	靑年	86	나무가 우거진 숲
18	도리	41	쓸 고	64	百姓	87	바닷바람
19	계산	42	자리 석	65	二重	88	⑩
20	내세	43	뿔 각	66	人夫	89	⑨
21	이용	44	옷 복	67	出入	90	⑨
22	노약	45	재주 술	68	場面		
23	개발	46	귀신 신	69	王室		

1 다음 漢字語한자어의 讀音을 쓰세요.

<보기>   漢字 → 한자

(1) 幸運 (   )   (2) 書體 (   )   (3) 近親 (   )

(4) 樂園 (   )   (5) 家庭 (   )   (6) 醫藥 (   )

(7) 成果 (   )   (8) 強風 (   )   (9) 特使 (   )

(10) 愛用 (   )   (11) 發現 (   )   (12) 番號 (   )

(13) 計算 (   )   (14) 遠洋 (   )   (15) 路線 (   )

(16) 公式 (   )   (17) 集合 (   )   (18) 角度 (   )

(19) 勝利 (   )   (20) 等分 (   )   (21) 交戰 (   )

(22) 新聞 (   )   (23) 病席 (   )   (24) 代表 (   )

(25) 注目 (   )   (26) 溫度 (   )   (27) 苦待 (   )

(28) 後半 (   )   (29) 米飮 (   )   (30) 消失 (   )

(31) 別堂 (   )   (32) 共感 (   )   (33) 才童 (   )

2 다음 漢字의 訓과 音을 쓰세요.

<보기>   字 → 글자 자

(34) 功 (   )   (35) 孝 (   )   (36) 英 (   )

(37) 身 (   )   (38) 朝 (   )   (39) 多 (   )

(40) 郡 (   )   (41) 短 (   )   (42) 野 (   )

(43) 勇 (   )   (44) 雪 (   )   (45) 術 (   )

(46) 科 (   )   (47) 章 (   )   (48) 信 (   )

(49) 根 (   )   (50) 昨 (   )   (51) 銀 (   )

(52) 頭 (   )   (53) 部 (   )   (54) 通 (   )

(55) 樹 (   )   (56) 急 (   )

3 다음 밑줄 친 漢字語를 漢字로 쓰세요.

(57) 선생님께서 <u>제자</u>들에게 예절을 가르치십니다. ········· (　　　　)

(58) <u>정오</u>가 되자 광장으로 사람들이 모여듭니다. ·········· (　　　　)

(59) 창문을 열고 실내 <u>공기</u>를 바꾸었습니다. ········· (　　　　)

(60) <u>시립</u>도서관이 문을 닫았습니다. ··········· (　　　　)

(61) 그는 입원한 <u>노모</u>를 정성껏 병시중하였습니다. ········ (　　　　)

(62) 우리마당에는 여러 해 <u>식물</u>들이 자라납니다. ·········· (　　　　)

(63) 소방관들은 불속에서 많은 <u>생명</u>을 구합니다. ········· (　　　　)

(64) 그는 <u>시간</u> 날 때마다 책을 읽습니다. ·············· (　　　　)

(65) 지금 아버지는 <u>외출</u>하고 안 계십니다. ············· (　　　　)

(66) <u>수천</u> 명의 군인이 동원되었습니다. ············ (　　　　)

(67) 이번 선거는 <u>민주</u>적으로 치러졌습니다. ············ (　　　　)

(68) 철수네 <u>식구</u>는 네 명입니다. ················· (　　　　)

(69) 그 <u>공장</u>은 생산 시설이 자동화되었습니다. ············ (　　　　)

(70) <u>실내</u>에서는 모자를 벗는 것이 예의입니다. ············ (　　　　)

(71) 일정한 온도가 되면 <u>자동</u>으로 꺼집니다. ············ (　　　　)

(72) 농아들과 대화하기 위해서 <u>수화</u>를 배웠습니다. ········ (　　　　)

(73) 우리 형은 중학교에 <u>입학</u>하였습니다. ··············· (　　　　)

(74) <u>해녀</u>들이 바다 속에 뛰어들었습니다. ············· (　　　　)

(75) 주말에 가족들과 <u>등산</u>을 즐깁니다. ············· (　　　　)

(76) 파도 때문에 여객선이 <u>좌우</u>로 흔들립니다. ··············· (　　　　)

4 다음 漢字의 反對字 또는 相對字상대자를 골라 번호를 쓰세요.

(77) 晝 (　　　) : ① 死　② 活　③ 里　④ 夜

(78) 古 (　　　) : ① 祖　② 今　③ 者　④ 林

5 다음 ( )에 들어갈 漢字를 <보기>에서 찾아 그 번호를 쓰세요.

<보기>
① 心　　② 綠　　③ 方　　④ 孫

(79) 行(　　)不明

(80) 作(　　)三日

6 다음 漢字와 뜻이 비슷한 漢字를 골라 그 번호를 쓰세요.

(81) 圖 (　　) : ① 畵　　② 所　　③ 洞　　④ 寸

(82) 衣 (　　) : ① 記　　② 世　　③ 服　　④ 村

7 다음에서 소리는 같으나 뜻이 다른 漢字를 골라 그 번호를 쓰세요.

(83) 油 (　　) : ① 邑　　② 有　　③ 王　　④ 育

(84) 足 (　　) : ① 住　　② 男　　③ 神　　④ 族

(85) 形 (　　) : ① 兄　　② 南　　③ 和　　④ 向

8 다음 漢字語의 뜻을 풀이하세요.

<보기> 登山 : 산에 오름

(86) 姓名 :

(87) 車道 :

9 다음 ㉠획은 몇 번째 쓰는지 아래에서 찾아 그 번호를 쓰세요.

① 첫 번째　　② 두 번째　　③ 세 번째　　④ 네 번째
⑤ 다섯 번째　　⑥ 여섯 번째　　⑦ 일곱 번째　　⑧ 여덟 번째
⑨ 아홉 번째　　⑩ 열 번째　　⑪ 열한 번째　　⑫ 열두 번째

(88) 美 (　　)　　(89) 事 (　　)　　(90) 軍 (　　)

6급(4) 기출·예상문제 정답

1	행운	24	대표	47	글 장	70	室內
2	서체	25	주목	48	믿을 신	71	自動
3	근친	26	온도	49	뿌리 근	72	手話
4	낙원	27	고대	50	어제 작	73	入學
5	가정	28	후반	51	은 은	74	海女
6	의약	29	미음	52	머리 두	75	登山
7	성과	30	소실	53	떼 부	76	左右
8	강풍	31	별당	54	통할 통	77	④ 夜
9	특사	32	공감	55	나무 수	78	② 今
10	애용	33	재동	56	급할 급	79	③ 方
11	발현	34	공 공	57	弟子	80	① 心
12	번호	35	효도 효	58	正午	81	① 晝
13	계산	36	꽃부리 영	59	空氣	82	③ 服
14	원양	37	몸 신	60	市立	83	② 有
15	노선	38	아침 조	61	老母	84	④ 族
16	공식	39	많을 다	62	植物	85	① 兄
17	집합	40	고을 군	63	生命	86	성과 이름
18	각도	41	짧을 단	64	時間	87	찻길
19	승리	42	들 야	65	外出	88	⑥
20	등분	43	날랠 용	66	數千	89	⑥
21	교전	44	눈 설	67	民主	90	⑧
22	신문	45	재주 술	68	食口		
23	병석	46	과목 과	69	工場		

1 다음 漢字語한자어의 讀音을 쓰세요.

> <보기>   漢字 → 한자

(1) 共感 (   )   (2) 使用 (   )   (3) 親書 (   )

(4) 立席 (   )   (5) 作業 (   )   (6) 戰線 (   )

(7) 番號 (   )   (8) 特別 (   )   (9) 窓門 (   )

(10) 始動 (   )   (11) 公社 (   )   (12) 電信 (   )

(13) 學習 (   )   (14) 算術 (   )   (15) 美男 (   )

(16) 放火 (   )   (17) 分速 (   )   (18) 石英 (   )

(19) 衣服 (   )   (20) 新綠 (   )   (21) 意向 (   )

(22) 本部 (   )   (23) 强者 (   )   (24) 成功 (   )

(25) 雪夜 (   )   (26) 平野 (   )   (27) 身體 (   )

(28) 勝運 (   )   (29) 庭園 (   )   (30) 海洋 (   )

(31) 勇氣 (   )   (32) 民族 (   )   (33) 交通 (   )

2 다음 漢字의 訓과 音을 쓰세요.

> <보기>   字 → 글자 자

(34) 形 (   )   (35) 朝 (   )   (36) 溫 (   )

(37) 數 (   )   (38) 發 (   )   (39) 失 (   )

(40) 飮 (   )   (41) 理 (   )   (42) 消 (   )

(43) 計 (   )   (44) 太 (   )   (45) 自 (   )

(46) 式 (   )   (47) 病 (   )   (48) 目 (   )

(49) 球 (   )   (50) 陽 (   )   (51) 等 (   )

(52) 注 (   )   (53) 表 (   )   (54) 由 (   )

(55) 時 (   )   (56) 愛 (   )

(57) 이 동네에 <u>화초</u> 파는 가게가 많다. ································ (　　　　)

(58) 그의 <u>부모</u>님은 교육자이시다. ································ (　　　　)

(59) 읍내 <u>방면</u>으로 큰 길이 났다. ································ (　　　　)

(60) <u>매일</u> 운동을 열심히 한다. ································ (　　　　)

(61) <u>생물</u>시간에 개구리를 해부했다. ······················ (　　　　)

(62) 대국을 섬기는 <u>사대</u>사상을 버리자. ·················· (　　　　)

(63) 그 마을엔 <u>백년</u> 넘게 사는 사람이 많다. ············ (　　　　)

(64) <u>농토</u>를 버리고 도시로 떠나는 사람이 많다. ·········· (　　　　)

(65) <u>노인</u>을 공경하는 사회를 만들자. ···················· (　　　　)

(66) 토요일에 <u>등산</u> 가기로 했다. ······················ (　　　　)

(67) <u>오색</u>이 찬란하게 빛난다. ·························· (　　　　)

(68) <u>정직</u>하게 사는 사람이 성공한다. ···················· (　　　　)

(69) 네가 건강하다니 <u>안심</u>이 된다. ···················· (　　　　)

(70) 어머니는 <u>내실</u>에 계신다. ·························· (　　　　)

(71) <u>천연</u>자원을 아껴 써야한다. ······················ (　　　　)

(72) <u>주소</u>만 가지고 집을 찾기가 쉽지 않다. ·············· (　　　　)

(73) <u>시장</u>에 가서 과일을 샀다. ························ (　　　　)

(74) 그분은 훌륭한 <u>교육</u>자이시다. ···················· (　　　　)

(75) <u>소식</u>을 하는 것이 건강에 좋다. ···················· (　　　　)

(76) <u>교장</u> 선생님께서 상장을 주신다. ·················· (　　　　)

4 다음 漢字의 反對字 또는 相對字상대자를 골라 번호를 쓰세요.

(77) 昨 (　　　) : ① 今　② 有　③ 主　④ 休

(78) 足 (　　　) : ① 在　② 寸　③ 午　④ 手

5 다음 (   )에 들어갈 漢字를 <보기>에서 찾아 그 번호를 쓰세요.

<보기>
① 淸   ② 重   ③ 幸   ④ 地

(79) 千萬多(   )

(80) (   )風明月

6 다음 漢字와 뜻이 비슷한 漢字를 골라 그 번호를 쓰세요.

(81) 樹 (   ) : ① 光   ② 口   ③ 苦   ④ 木

(82) 圖 (   ) : ① 村   ② 畵   ③ 川   ④ 孝

7 다음에서 소리는 같으나 뜻이 다른 漢字를 골라 그 번호를 쓰세요.

(83) 旗 (   ) : ① 急   ② 記   ③ 區   ④ 言

(84) 童 (   ) : ① 名   ② 聞   ③ 郡   ④ 洞

(85) 弱 (   ) : ① 油   ② 度   ③ 藥   ④ 邑

8 다음 漢字語의 뜻을 풀이하세요.

<보기> 登山 : 산에 오름

(86) 軍歌 :

(87) 先後 :

9 다음 ㉠획은 몇 번째 쓰는지 아래에서 찾아 그 번호를 쓰세요.

① 첫 번째   ② 두 번째   ③ 세 번째   ④ 네 번째
⑤ 다섯 번째   ⑥ 여섯 번째   ⑦ 일곱 번째   ⑧ 여덟 번째
⑨ 아홉 번째   ⑩ 열 번째   ⑪ 열한 번째   ⑫ 열두 번째

(88) 秋 (   )   (89) 銀 (   )   (90) 夏 (   )

6급(5) 기출·예상문제 정답

1	공감	24	성공	47	병 병	70	內室
2	사용	25	설야	48	눈 목	71	天然
3	친서	26	평야	49	공 구	72	住所
4	입석	27	신체	50	볕 양	73	市場
5	작업	28	승운	51	무리 등	74	敎育
6	전선	29	정원	52	부을 주	75	小食
7	번호	30	해양	53	겉 표	76	校長
8	특별	31	용기	54	말미암을 유	77	① 今
9	창문	32	민족	55	때 시	78	④ 手
10	시동	33	교통	56	사랑 애	79	③ 幸
11	공사	34	모양 형	57	花草	80	① 淸
12	전신	35	아침 조	58	父母	81	④ 木
13	학습	36	따뜻할 온	59	方面	82	② 晝
14	산술	37	셈 수	60	每日	83	② 記
15	미남	38	필 발	61	生物	84	④ 洞
16	방화	39	잃을 실	62	事大	85	③ 藥
17	분속	40	마실 음	63	百年	86	군대에서 부르는 노래
18	석영	41	다스릴 리	64	農土	87	먼저와 나중
19	의복	42	사라질 소	65	老人	88	⑧
20	신록	43	셀 계	66	登山	89	⑨
21	의향	44	클 태	67	五色	90	⑧
22	본부	45	스스로 자	68	正直		
23	강자	46	법 식	69	安心		

부수자(部首字: 214자) 일람표(一覽表)

1 획	屮 싹날 철	片 조각 편	舛 어그러질 천	音 소리 음
一 한 일	山 메 산	牙 어금니 아	舟 배 주	頁 머리 혈
丨 뚫을 곤	巛 내 천	牛牜 소 우	艮 괘이름 간	風 바람 풍
丶 점 주	工 장인 공	犬犭 개 견	色 빛 색	飛 날 비
丿 삐칠 별	己 몸 기	**5 획**	艸 풀 초	食 밥 식
乙 새 을	巾 수건 건	玄 검을 현	虍 범무늬 호	首 머리 수
亅 갈고리 궐	干 방패 간	玉王 구슬 옥	虫 벌레 충	香 향기 향
2 획	幺 작을 요	瓜 외 과	血 피 혈	**10 획**
二 두 이	广 집 엄	瓦 기와 와	行 다닐 행	馬 말 마
亠 머리부분 두	廴 연이어 걸을 인	甘 달 감	衣衤 옷 의	骨 뼈 골
人亻 사람 인	廾 두손 공	生 날 생	襾 덮을 아	高 높을 고
儿 어진사람 인	弋 주살 익	用 쓸 용	**7 획**	髟 털늘어질 표
入 들 입	弓 활 궁	田 밭 전	見 볼 견	鬥 싸울 투
八 나눌 팔	彐 돼지머리 계	疋 발 소	角 뿔 각	鬯 기장술 창
冂 멀 경	彡 무늬 삼	疒 병들 녁	言 말씀 언	鬲 오지병 격
冖 덮을 멱	彳 걸을 척	癶 걸을 발	谷 골 곡	鬼 귀신 귀
冫 얼음 빙	**4 획**	白 흰 백	豆 콩 두	**11 획**
几 걸상 궤	心 마음 심	皮 가죽 피	豕 돼지 시	魚 물고기 어
凵 입벌릴 감	戈 창 과	皿 그릇 명	豸 사나운짐승 치	鳥 새 조
刀 칼 도	戶 지게문 호	目 눈 목	貝 조개 패	鹵 소금밭 로
力 힘 력	手扌 손 수	矛 창 모	赤 붉을 적	鹿 사슴 록
勹 감쌀 포	支 나눌 지	矢 화살 시	走 달릴 주	麥 보리 맥
匕 숟가락 비	攴攵 칠 복	石 돌 석	足 발 족	麻 삼 마
匚 상자 방	文 글월 문	示 보일 시	身 몸 신	**12 획**
匸 감출 혜	斗 말 두	内 짐승발자국 유	車 수레 거(차)	黃 누를 황
十 열 십	斤 도끼 근	禾 벼 화	辛 매울 신	黍 기장 서
卜 점 복	方 모 방	穴 구멍 혈	辰 별 진	黑 검을 흑
卩 병부 절	无 없을 무	立 설 립	辵 갈 착	黹 바느질할 치
厂 언덕 한	日 해 일	**6 획**	邑 고을 읍	**13 획**
厶 사사 사	曰 말할 왈	竹 대 죽	酉 술 유	黽 맹꽁이 맹
又 손 우	月 달 월	米 쌀 미	釆 분별할 변	鼎 솥 정
3 획	木 나무 목	糸 실 사	里 마을 리	鼓 북 고
口 입 구	欠 하품 흠	缶 장군 부	**8 획**	鼠 쥐 서
囗 에워쌀 위	止 그칠 지	网 그물 망	金 쇠 금	**14 획**
土 흙 토	歹 남은뼈 알	羊 양 양	長 긴 장	鼻 코 비
士 선비 사	殳 창 수	羽 날개 우	門 문 문	齊 가지런할 제
夂 뒤져올 치	毋 말 무	老耂 늙을 로	阜 언덕 부	**15 획**
夊 천천히 걸을 쇠	比 견줄 비	而 말이을 이	隶 미칠 체	齒 이 치
夕 저녁 석	毛 터럭 모	耒 쟁기 뢰	隹 새 추	**16 획**
大 큰 대	氏 뿌리 씨	耳 귀 이	雨 비 우	龍 용 룡
女 계집 녀	气 기운 기	聿 붓 률	靑 푸를 청	龜 거북 귀
子 아들 자	水氵 물 수	肉⺼ 고기 육	非 아닐 비	**17 획**
宀 집 면	火灬 불 화	臣 신하 신	**9 획**	龠 피리 약
寸 마디 촌	爪 손톱 조	自 코 자	面 낯 면	
小 작을 소	父 아비 부	至 이를 지	革 가죽 혁	
尢 절름발이 왕	爻 점괘 효	臼 절구 구	韋 다룸가죽 위	
尸 누울 시	爿 조각 장	舌 혀 설	韭 부추 구	